Informatik aktuell

Reihe herausgegeben von

Gesellschaft für Informatik e.V. (GI)

Ziel der Reihe ist die möglichst schnelle und weite Verbreitung neuer Forschungs- und Entwicklungsergebnisse, zusammenfassender Übersichtsberichte über den Stand eines Gebietes und von Materialien und Texten zur Weiterbildung. In erster Linie werden Tagungsberichte von Fachtagungen der Gesellschaft für Informatik veröffentlicht, die regelmäßig, oft in Zusammenarbeit mit anderen wissenschaftlichen Gesellschaften, von den Fachausschüssen der Gesellschaft für Informatik veranstaltet werden. Die Auswahl der Vorträge erfolgt im allgemeinen durch international zusammengesetzte Programm-komitees.

Herausgegeben
im Auftrag der Gesellschaft für Informatik e.V. (GI)

Weitere Bände in der Reihe http://www.springer.com/series/2872

Herwig Unger
(Hrsg.)

Echtzeit 2020

Kommunikationssicherheit im Internet der Dinge (IoT)

Fachtagung des gemeinsamen Fachausschusses
Echtzeitsysteme von
Gesellschaft für Informatik e.V. (GI),
VDI/VDE-Gesellschaft für Mess- und Automatisierungs-
technik (GMA) und
Informationstechnischer Gesellschaft im VDE (ITG,)
20. November 2020

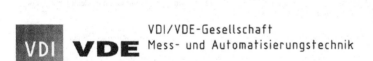

GESELLSCHAFT FÜR INFORMATIK E.V.

VDI/VDE-Gesellschaft
Mess- und Automatisierungstechnik

INFORMATIONSTECHNISCHE
GESELLSCHAFT IM VDE

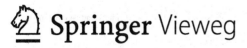

Springer Vieweg

Hrsg.
Herwig Unger
Lehrstuhl für Kommunikationsnetze
FernUniversität in Hagen
Hagen, Deutschland

Programmkomitee

R. Baran Hamburg
J. Bartels Krefeld
M. Baunach Graz
B. Beenen Lüneburg
J. Benra Wilhelmshaven
V. Cseke Wedemark
R. Gumzej Maribor
W. A. Halang Hagen
H. H. Heitmann Hamburg
P. Holleczek, Erlangen
M.M. Kubek Hagen
K. Kyamakya, Klagenfurt
R. Müller Furtwangen
S. Pareigis, Hamburg
M. Schaible München
G. Schiedermeier Landshut
U. Schneider Mittweida
D. Tutsch, Wuppertal
H. Unger Hagen
D. Zöbel Koblenz

https://www.real-time.de/

ISSN 1431-472X
Informatik aktuell
ISBN 978-3-658-32817-7   ISBN 978-3-658-32818-4   (eBook)
https://doi.org/10.1007/978-3-658-32818-4

Die Deutsche Nationalbibliothek verzeichnet diese Publikation in der Deutschen Nationalbibliografie; detaillierte bibliografische Daten sind im Internet über http://dnb.d-nb.de abrufbar.

Planung: Petra Steinmüller
Springer Vieweg ist ein Imprint der eingetragenen Gesellschaft Springer Fachmedien Wiesbaden GmbH und ist ein Teil von Springer Nature.
Die Anschrift der Gesellschaft ist: Abraham-Lincoln-Str. 46, 65189 Wiesbaden, Germany

Vorwort

Nach vier Jahrzehnten ist es bereits eine gute Tradition geworden, daß jedes Jahr im November im Hotel „Ebertor" zu Boppard am Rhein die Tagung „Echtzeit" des gleichnamigen GI/GMA/ITG-Fachausschusses stattfindet. Durch Covid-19 wird das Jahr 2020 nach einer solchen Vielzahl von Veranstaltungen die allererste Ausnahme von dieser Tradition werden: neben gesetzlichen Vorgaben gebieten es Vernunft und Vorsicht, in diesem Jahr auf ein Präsenztreffen zu verzichten und dieses Mal moderne Videokonferenz-Software zu nutzen, um uns im virtuellen Raum zu treffen. Bis zum letztmöglichen Zeitpunkt, nämlich bis Juni, hat die Fachausschußleitung die Entscheidung darüber aufgeschoben, in der Hoffnung doch noch ein Präsenztreffen veranstalten zu können – ein Wunsch, der sich leider nicht erfüllt hat.

Mit dieser späten Entscheidung ist auch eine Änderung des Erscheinungstermins des Ihnen jetzt vorliegenden Tagungsbandes verbunden. Dieser wird nun einmalig aus den genannten Zeitgründen nicht vor, sondern erst nach unserer Tagung herausgegeben werden. Neben einem großen Dank an Frau Jutta Düring für die teilweise zeitkritisch zu bewältigende technische Gestaltung des Buches gilt unser Dank an dieser Stelle auch dem Springer-Verlag, der uns bei den wiederkehrenden Zeitplanänderungen immer entgegengekommen ist.

Das diesjährige Thema „Kommunikationssicherheit im Internet der Dinge (IoT)" dürfte dabei hochaktuell sein: Arbeiten von zuhause aus sowie weniger vor Ort im Einsatz befindliche Techniker und Datenschutzbeauftragte führten gerade in Zeiten geschlossener Büros und Geschäfte zu einer erheblichen Anzahl sicherheitstechnischer Lücken und Operationen, eine Vielzahl von Daten wurde oft ohne die notwendigen Schutzmaßnahmen aus der Ferne verwendet oder bewegt, viele Nutzer ergriffen die Chance der häuslichen Präsenz, um ihr Zuhause und Büro mit neuen elektronischen Geräten aufzurüsten und ihr Leben damit bequemer zu machen. Diese Nachlässigkeiten riefen natürlich in gleichem Maße Angreifer und Hacker auf den Plan, wie nicht zuletzt zahlreiche Nachrichten mit diesem Thema aus den verschiedenen Bereichen des gesellschaftlichen Lebens bestätigten.

Die Einschränkungen des Lebens haben wir in diesem Jahr leider auch in der Anzahl der Beitragseinreichungen für unsere Tagung erfahren: lediglich elf statt üblicherweise 14 Beiträge wurden vom Programmkomitee für die (virtuelle) Präsentation und den Abdruck im Tagungsband ausgewählt. Neben einem historischen Rückblick von Frau Holleczek auf die Geschichte der Echtzeiterfassung von Fluglärm und dem diesmal bereits am Anfang gehaltenen Vortrag des Siegers in unserem Wettbewerb um die beste Abschlußarbeit gibt es je drei Artikel zu den Themen Systementwurf, Sicherheit und Anwendungen.

Obwohl sich die Beiträge mit allen Ebenen der Systemarchitektur beschäftigen, scheinen Transportsysteme sich als ein gemeinsames Rahmenthema herauszukristallisieren, da sie auf Grund der notwendigen Autarkie ihrer Entscheidungen und Handlungen natürlich neben ethischen auch eine Reihe von Fragen hinsichtlich der funktionalen Sicherheit aufwerfen. Dies ist sicherlich ein Thema, das durch den verstärkten Einsatz dieser Systeme zu Lande und in der Luft auch in den Folgejahren an Bedeutung gewinnen und uns alle sicher mehr oder weniger direkt betreffen und beschäftigen wird.

Gerne haben wir den verbleibenden Raum im Tagungsband genutzt, um erstmalig ein Tutorial zu OpenPEARL, der einzigen genormten, deutschen Echtzeitprogrammiersprache, der breiten Öffentlichkeit zugänglich zu machen. Die dreißigseitige Ausarbeitung ist ein Komprimat aus dem Kurs „Echtzeitprogrammierung", der gegenwärtig von Rainer Müller für die Lehre an der FernUniversität in Hagen entwickelt wird und hoffentlich zur Verbreitung des Wissens über und der Anwendung von OpenPEARL wird beitragen können.

Wie wir alle gemerkt haben, lassen sich persönliche Kontakte mit Kollegen und Freunden kaum ersetzen. Inspiration und neue Ideen resultieren vor allem auch aus dem Beisammensein: dennoch haben wir versucht, das Beste aus der 41. Tagung „Echtzeit" zu machen und hoffen natürlich, daß wir uns 2021 wieder alle gesund und munter im traditionellen Tagungsort am Rhein werden treffen können.

Iserlohn, im November 2020   Herwig Unger

Inhaltsverzeichnis

Eröffnungsvortrag und Preisträger

Die Anfänge der Fluglärm-Erfassung in Deutschland................... 1
Brigitta Holleczek

Realistic Scheduling Models and Analyses for Advanced Real-Time
Embedded Systems.. 11
Georg von der Brüggen

Systementwurf

Hardware/Software Co-Design für eine Modulare Systemarchitektur 21
Carsten Weinhold, Nils Asmussen, Michael Roitzsch

Hard Real-Time Memory-Management in a Single Clock Cycle (on
FPGAs) 31
Simon Lohmann, Dietmar Tutsch

Künstliche Intelligenz in der Miniaturautonomie 41
Stephan Pareigis, Tim Tiedemann, Markus Kasten, Morten Stehr,
Thorben Schnirpel, Luk Schwalb, Henri Burau

Sicherheit

Integration realer Angriffe in simulierte Echtzeit-Ethernet-Netzwerke 51
Sandra Reider, Philipp Meyer, Timo Häckel, Franz Korf,
Thomas C. Schmidt

Sichere Mobilfunkkommunikation für ein Fahrzeugleitsystem............ 61
Christoph Maget

Programmunbeeinflussbare Authentifikation von Eingaben auf
berührungssensitiven Sichtfeldern 71
Robert Fitz

Aktuelle Anwendungen

Automated Testbed for Various Indoor Position Systems and Sensors
for Evaluation and Improvement 81
Jan-Gerrit Jaeger, Christoph Brandau, Dietmar Tutsch

Automatisierte Erkennung von Transportbehältern bekannter Versender . 89
Roman Gumzej

Eine Komplexitätsmetrik basierend auf der kognitiven Wahrnehmung
des Menschen 99
Daniel Koß

Tutorial OpenPEARL

Tutorial OpenPEARL 109
Rainer Müller, Marcel Schaible

Die Anfänge der Fluglärm-Erfassung in Deutschland

Brigitta Holleczek

Nürnberg
b.holleczek@gmx.de

Zusammenfassung. Die frühesten Fluglärm-Messungen in Deutschland wurden im Umfeld des Frankfurter Flughafens in den 1960er Jahren noch mit mobilen Messstationen durchgeführt. Stationäre rechnergestützte Messungen waren erst mit dem Aufkommen handlicher, robuster, anspruchsloser Kleinrechner bzw. Mikroprozessoren und entsprechender Peripherie, die auch „im Feld" aufstellbar waren. Das war Mitte der 1970er / Anfang der 1980er Jahre der Fall. Gegenstand des Berichts ist, ohne Beschränkung der Allgemeinheit, ein Projekt zum Aufbau von Fluglärm-Messanlagen mit Hilfe der ersten 16bit Siemens-Prozessrechner, hier des Typs 320, und dezentralen Messstellen. Eingegangen wird auf die gesetzlichen Messvorschriften und die Realisierung. Einsätze werden skizziert. Die heutige Technik wird kurz gestreift.

1 Einleitung und Motivation

Beschwerden über Fluglärm haben Tradition. Flughäfen und Fluggesellschaften reagieren darauf mit angepassten Flugschneisen, mit empfohlenem Anstellwinkel beim Start und – besonders in jüngerer Zeit – mit immer leiseren Flugzeugen. Um angemessene Maßnahmen ergreifen zu können, war es von Anfang an wichtig, Fluglärm messbar zu machen.

Die deutschlandweit ersten regelmässigen Aufzeichnungen (1969) hält sich der Flughafen Stuttgart zugute (siehe [9] Seite 2).

Die frühesten Messungen generell in Deutschland wurden im Umfeld des Frankfurter Flughafens in den 1960er Jahren noch mit mobilen Messstationen durchgeführt (siehe [8] Seite 6). Solche Messungen gelten aber immer nur örtlich/zeitlich. Dauerhafte und weitgehend flächendeckende Messungen wären gefragt gewesen, bedurften aber intensiver Rechnerunterstützung. Wirtschaftlich/technisch realisierbar waren solche Fluglärmmessungen erst mit dem Aufkommen handlicher, robuster, anspruchsloser Kleinrechner bzw. Mikroprozessoren und entsprechender Peripherie (Mikrophone und A/D-Wandler), die auch „im Feld" aufstellbar waren.

2 Grundlagen

Eine Handlungsanleitung lieferte damals das deutsche Gesetz zum Schutz gegen Fluglärm vom 30.03.1971 (Bundesgesetzblatt Jahrgang 1971 Teil I Nr. 28,

ausgegeben am 02.04.1971 [2], Seite 282). Es wurde 2007 novelliert und ver-
schärft [3]. Zielrichtung des Gesetzes war und ist das Baurecht (Bauverbote,
bauliche Nutzung, Schallschutz, Entschädigungen und Erstattungen). Zum Phä-
nomen des Fluglärms selbst wurden messtechnisch Anforderungen gesetzt, die,
leicht detailliert, heute noch gelten.

- §2 (1) führt den Begriff „äquivalenter Dauerschallpegel" ein.
- §2 (2) führt Lärmschutzbereiche ein, mit zwei Schutzzonen: I mit >75 dBA
  und II mit >67 dBA
- §3 (Anlage)
  - gibt die Ermittlung des äquivalenten Dauerschallpegels L_{eq} vor, unter-
    schiedlich für Tag- (6 – 22 h) und Nachtflüge (22 – 6 h)
  - bestimmt, dass das Maximum unter Berücksichtigung des Abstands zur
    Flugbahn und der Schallausbreitungsverhältnisse zu ermitteln ist
  - legt die Bestimmung der Geräuschdauer durch die Zeit des Vorbeiflugs
    (vom Zeitpunkt mit -10 dBA unter Maximum im Anstieg bis zum Zeit-
    punkt mit -10 dBA unter Maximum im Abfall) fest („Rechteckmetho-
    de")
  - gibt die Berechnung des äquivalenten Dauerschallpegels (für einen Be-
    zugszeitraum) als Summe gewichteter und zeit-normierter Pegel von Ein-
    zel-Schallereignissen vor
- §19a verpflichtet Verkehrsflughäfen, Anlagen zur fortlaufend registrierenden
  Messung von Fluggeräuschen zu betreiben

Abb. 1. Geöffnete Messstelle mit Dachausstieg und Prüfausrüstung (Mikrophon, Kopfhörer)

Die deutsche Norm zum Thema „Messung und Beurteilung von Flugzeug-
geräuschen" wurde als DIN 45643-1 erst 1984 [4] veröffentlicht und lag zum
Realisierungszeitraum nur in einer vorläufigen Form vor. Überarbeitet wurde sie
in 2011 [5]. Näher eingegangen wird auf die Norm und ihre Fortschreibung in [7].

Die Neuerungen betreffen, wie es heisst, u.a. die Erfassung und Verarbeitung von Daten zur Ereigniserkennung, -klassifizierung und -identifizierung. Insbesondere können zur Identifizierung neuerdings auch Radar-Daten hinzugezogen werden. Ansonsten geht es um verschärfte Toleranzen. Eigens für die Mittelwertbildung wurde später eine eigene DIN-Vorschrift [6] eingeführt.

3   Aufgabe und Realisierung

Stellvertretend für viele Anbieter soll berichtet werden, wie Siemens Mitte der 1970er / Anfang der 1980er-Jahre das Thema angegangen ist. Der erste Einsatz war am Flughafen Nürnberg. Insofern startete das Redesign an der Zweigniederlassung Nürnberg [1] im Rahmen eines kleinen Teams, das auch folgende Einsätze begleiten sollte.

3.1   Software und Architektur

Aufgabe des Gesamtsystems war die Bestimmung von einzelnen Schall-Ereignissen, das Bilden des äquivalenten Dauerschallpegels, tagesweise und für längere Zeiträume. Nebenbedingung war auch, Fluglärm möglichst von Alltagsgeräuschen zu unterscheiden.

Abb. 2. Mikrophongalgen mit Windschutz auf Flachdach

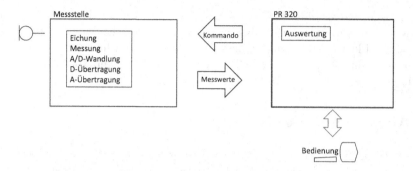

Abb. 3. Kommunikationsstruktur

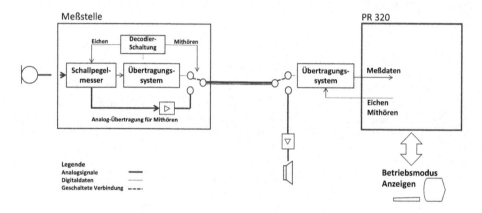

Abb. 4. Signal- und Datenfluss, siehe [1] S. 15, vereinfacht

Zur Realisierung lag ein verteiltes System nahe, bestehend aus einem am Flughafen aufgestellten Zentralrechner und abgesetzten Messstationen. Als Zentrale dienten die ersten Rechner vom Typ 320 mit Digital Ein-/Ausgabe in der damals neuen Register-Architektur bei 16 bit Wortlänge. Eine Pufferbatterie erlaubte ein geordnetes Herunterfahren bei Stromausfall (und Hochfahren bei Stromwiederkehr). Die Messstationen bestehend aus einem Z20 Fernwirksystem auf Basis von 8086-Mikroprozessoren waren mit Statusanzeigen, Übertragungsgeräten, externen Mikrophonen mit Windschutz, Schallpegelmessern und A/D-Wandlern ausgestattet.

Verbunden waren Zentralrechner und Messstationen mit analogen doppeladrigen Telefonleitungen, die wahlweise digital oder analog betrieben wurden. Bei der digitalen Übertragung wurde nicht über 200 Baud hinausgegangen. Die Messwerte wurden als Telegramme im Format 6 Bit plus Parity-Bit von den Stationen an den Zentralrechner übertragen.

Zur Abgrenzung von Alltagsgeräuschen dienten einstellbare messstellenspezifische Zeitschranken (z. B. deutlich kürzere Dauer) bzw. die Nicht-Koinzidenz mit anderen Messstellen. Die Messungen erfolgten im Sekundentakt. Die Zuordnung zu Start- oder Landevorgängen und zur Bewegungsrichtung gelang durch Vergleich unterschiedlicher Messstellen. Flugnummern bzw. Fluglinien wurden den Lärmereignissen erst im Nachgang zugeordnet, sofern Daten verfügbar waren.

Die Aufgabenverteilung zwischen Zentrale und Messstellen wird mittels Kommunikationsstruktur (s. Abb. 3) und Signal- und Datenfluss (s. Abb. 4) beschrieben.

Neben der Messung gab es folgende Zusatzfunktionen, verbunden mit einem Wechsel der Übertragung:

- tägliches Eichen des Schallpegelmessers (dazu wurde von der Zentrale aus an der Messstelle ein Generator zugeschaltet)
- Mithören (im Fall von unklaren Messergebnissen konnte die Verbindung analog durchgeschaltet werden und erlaubte das „Zuhören" an der Zentrale)

Umgeschaltet werden konnte immer nur für eine kurze feste Zeit. Die Grundeinstellung war Messen und Messwertübertragung.

```
        U H R Z E I T    P T    M A X   S O / I N   T / S    K L
      U / 1 0 . 1 5 .    3      1      7 3    1 6 2    2 0      3

      H I S T O G R A M M   D E R   M E S S S T E L L E    1  B E G I N N   1 0 . 1

      5 6 | * * * * X
      5 8 | * * * * * * X
      6 2 | * * * * * * * * * * X
      6 2 | * * * * * * * * * * * X
      6 0 | * * * * * * * * X
      6 2 | * * * * * * * * * * X
      6 3 | * * * * * * * * * * * X
      6 6 | * * * * * * * * * * * * * X
      6 8 | * * * * * * * * * * * * * * * X
      7 0 | * * * * * * * * * * * * * * * * * X
      7 0 | * * * * * * * * * * * * * * * * * X
      7 2 | * * * * * * * * * * * * * * * * * * * X
      7 2 | * * * * * * * * * * * * * * * * * * * X
      7 3 | * * * * * * * * * * * * * * * * * * * * X
      7 2 | * * * * * * * * * * * * * * * * * * * X
      7 2 | * * * * * * * * * * * * * * * * * * * X
      7 1 | * * * * * * * * * * * * * * * * * * X
      7 1 | * * * * * * * * * * * * * * * * * * X
      7 0 | * * * * * * * * * * * * * * * * * X
      7 2 | * * * * * * * * * * * * * * * * * * * X
      7 0 | * * * * * * * * * * * * * * * * * X
      7 0 | * * * * * * * * * * * * * * * * * X
      6 9 | * * * * * * * * * * * * * * * * X
      6 6 | * * * * * * * * * * * * * X
      6 8 | * * * * * * * * * * * * * * * X
      6 4 | * * * * * * * * * * * * X
      6 2 | * * * * * * * * * * X
      6 1 | * * * * * * * * * X
      5 9 | * * * * * * * * X
      6 1 | * * * * * * * * * X
      6 1 | * * * * * * * * * X
      6 0 | * * * * * * * * X
      5 6 | * * * * X
```

Abb. 5. Geräusch-Histogramm eines Überflugs, siehe [1] Seite 19, neu gesetzt

Abb. 3 zeigt die Kommunikationsstruktur im verteilten System. Die Zentrale dient zur Bedienung und zur Auswertung, die Messstelle zur Eichung, Messung,

```
   1 1 .  9 . 7 4     S E I T E   1
S I E M E N S   F L U G L A E R M   –   U E B E R W A C H U N G S A N L A G E   N U E
A U S W E R T U N G   N A C H   F L U G L A E R M G E S E T Z
S T A R T   1 0   U H R
G I =  1 , 5 / 0 , 0 / 1 , 0 / 5 , 0

        U H R Z E I T   P T   M A X   S O / I N   T / S   K L   S / L   R E F   U E / D B   U E / T
U /   6 .  7 .  7     7    7 9    1 4 9    2 3    3
U /   6 .  8 .  7     2    8 4    1 6 4    1 9    4
U /   6 .  8 . 4 1    1    9 1    1 9 3    1 8    6   L 2 8    9 0          1         7
U /   6 . 1 1 . 5 2   3    8 4    1 8 2    4 1    4
U /   6 . 1 2 . 1 8   4    8 7    1 7 5    1 9    5   S 2 8
U /   6 . 1 3 . 2 4   5    8 2    1 7 6    4 0    4
U /   6 . 1 3 . 3 7   6    7 8    1 4 5    2 2    3
U /   6 . 1 5 . 1 6   1    8 2    1 5 2    1 6    4
U /   6 . 1 5 . 4 3   2    8 2    1 5 4    1 7    4   S 1 0
U /   6 . 3 1 . 2 4   3    8 2    1 7 6    4 1    4
U /   6 . 3 2 .  1    4    8 1    1 6 0    2 6    4   S 2 8
U /   6 . 3 3 . 1 0   5    8 6    1 8 6    3 3    5
U /   6 . 5 6 . 5 0   8    7 7    1 1 5     7    3
M H   8 /  6 . 5 6

        U H R Z E I T   P T   M A X   S O / I N   T / S   K L   S / L   R E F   U E / D B   U E / T
U /   6 . 5 7 . 5 0   8    7 1     9 4     8    2

    U H R   P T / L E Q
S /   7     1 / 6 5    2 / 5 6    3 / 6 1    4 / 5 9    5 / 6 2    6 / 4 9    7 / 5 0    8 / 4 3
```

Abb. 6. Folge von Überflügen und L_{eq}-Werte, siehe [1] Seite 17 oben, neu gesetzt

A/D-Wandlung, Digitalübertragung und Analogübertragung. Die Kommunikation besteht aus Kommandos bzw. aus Messwerten. Aufgabe der Messstelle war das Aufnehmen, Digitalisieren und Versenden der Geräuschelemente.

Abb. 4 zeigt den Signal- und Datenfluss. Zwischen Messstelle und Zentrale ist ein Übertragungssystem geschaltet. Im Normalzustand werden Digitaldaten übertragen. Auf das Kommando Mithören wird die Verbindung auf Analogübertragung geschaltet und kehrt dann wieder zur Digitalübertragung zurück. Die zu Kontrollzwecken fallweise analog empfangenen Daten werden an der Zentrale über einen Lautsprecher mithörbar gemacht. Die Tonqualität beim Mithören hing von der Qualität der Analogverbindung ab. Auf das Kommando Eichen wird für eine feste Zeit ein Frequenzgenerator an den Schallpegelmesser geschaltet.

Programmiert wurde grundsätzlich in Assembler. Der Speicherausbau der Zentrale betrug 16 kWorte.

3.2 Installation

Beliebter Aufstellungsort für Messstelle und Mikrophon waren „erhabene" Standorte, z. B. Dachböden und Dächer von Wohnhäusern bzw. Flachdächer von Industrieanlagen, die sich in der Nähe typischer Flugrouten befinden. Die Orte waren vom Betreiber vorgegeben. Gefertigt wurden die Messstationen in der Zweigniederlassung Nürnberg.

Abb. 1 zeigt eine geöffnete Messstelle und den Dachausstieg am Flughafen Stuttgart. Der untere Einschub der Messstelle beherbergt den Schallpegelmesser, die obere Baureihe das Fernwirksystem. Zu Testzwecken angeschlossen sind ein Mikrophon und Kopfhörer.

Abb. 2 zeigt den Aussenaufbau mit Mikrophongalgen und Windschutz ebenfalls am Flughafen Stuttgart.

Abb. 7. Arbeitsplatz mit Blattschreiber, Lautsprecher, Sichtgerät und Schautafel (mit typischen Flugrouten) am Flughafen Stuttgart (1981)

4 Einsatz und Ergebnisse

Neben der Messwerterfassung erlaubte das System die Visualisierung von Fluglärmereignissen.

Abb. 5 zeigt den zeitlichen Verlauf eines Überflugs am Flughafen Nürnberg, dargestellt mit den einfachen Mitteln eines „Blattschreibers" mit äquidistanter Zeichensetzung. Für jede Sekunde wird der Geräuschpegel als „liegende Säule" und mit seinem numerischen Wert (linke Spalte) dargestellt, nach erfolgreicher Identifizierung. Messbeginn ist 10:15:03. Die Werte stammen von der Messstelle 1 (Wert unterhalb PT). Der höchste Lärmwert beträgt 73 dBA. Das Lärmereignis beginnt ca. 8 s vor dem Maximum. Die Überflugdauer (Wert unterhalb T/S) wurde als 20 s bestimmt.

Abb. 6 zeigt eine Liste der Überflüge innerhalb einer knappen Stunde ebenfalls am Flughafen Nürnberg. Es wurden vier Vorgänge identifiziert (siehe Spalte S/L): Landung auf 280 Grad, Start auf 280 Grad, Start auf 100 Grad, Start auf 280 Grad. Die beteiligten Messstellen finden sich in Spalte PT, die Maximalwerte in Spalte MAX, die Dauer des jeweiligen Überflugs in Spalte T/S. Eine Überschreitung des für eine Messstelle typischen Referenzpegels (hier: 90 dBA) wird in Spalte REF festgehalten, die Dauer der Überschreitung in Spalte UE/DB. Um 6:56 wurde die Messstelle 8 auf Mithören geschaltet. Um 6:57:50 lag der nächste Messwert vor. Die Zeile S/ 7 zeigt den Stunden L_{eq}-Wert für die Zeit 6 – 7 Uhr für alle Messstellen.

Eingesetzt wurde das System, nach der Pilotanlage in Nürnberg, im Zeitraum 1979 bis 1983 u. a. an den Flughäfen Salzburg, Stuttgart, Hamburg, Zürich [15] und Berlin-Tegel [10]. Manchester war in Planung.

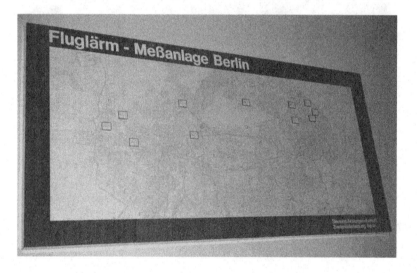

Abb. 8. Schautafel am Flughafen Berlin Tegel (1982)

Abb. 7 zeigt den Fluglärm-Arbeitsplatz am Flughafen Stuttgart, mit Sichtgerät, Drucker, Mithör-Lautsprecher und Schautafel.

Abb. 8 zeigt die Schautafel mit der Anordnung der Messpunkte am Flughafen Tegel. Die Zentrale selbst stand allerdings am inzwischen aufgelösten Flughafen Tempelhof.

5   Ausblick

Interessant ist in diesem Zusammenhang noch ein Blick auf heutige Technik, auch wenn öffentlich nicht viel verfügbar ist. 2002 wird ein modernes Überwachungssystem zur Fluglärmüberwachung vorgestellt [12]. Es ist PC-basiert, misst Umweltlärm an abgesetzten Standorten und lässt sich, wie es heisst, in Flughafensysteme integrieren. Gesammelt werden auch meteorologische Daten. Zur Identifikation kann auf Radar- und Flugspurinformation zugegriffen werden.

In einem BER-Gutachten von 2012 [11] wird eine konkrete Messung vorgestellt. Gemessen wird nach DIN 45643 von 2011. Die Parameter sind, von einer Detaillierung abgesehen, vergleichbar. Zum Einsatz kommen mobile Anlagen.

Vergleichsweise konkret wird in der Publikation „Fluglärm und Fluglärmschutz" des Flughafen Münchens von 2019 [13] auf die Messtechnik eingegangen. Berichtet wird (S. 19) von 16 ortsfesten Messstellen und drei mobilen Messstationen. Messwerte werden im Sekundentakt erfasst. Zur Qualitätssicherung (S. 20) werden die Messstellen täglich überprüft und bei einer Zwischenprüfung akustisch geeicht. Extreme Windgeräusche werden durch Korrelation dreier Messstellen herausgerechnet. Zur Flugidentifikation werden Radardaten herangezogen.

An der Technik des Messens hat sich offensichtlich im Grundsatz nicht viel geändert, deutlich verbessert hat sich die Kommunikationstechnik und die Menge der verfügbaren Kontrollinformation. Wirklich neu ist insofern die Möglichkeit, dass sich die Öffentlichkeit nahezu „live" über die Flug- und Lärmsituation an einem Flughafen, hier Frankfurt, informieren kann [14].

6 Schluss

Der offensichtliche Pioniercharakter unserer damaligen Arbeit liess mühevolle Ausseneinsätze auch bei extremen Verhältnissen leicht vergessen.

Ein Höhepunkt, demgegenüber, war die Teilnahme der Standortkommandanten bei der Übergabe der Überwachung in Tegel [10], Seite 31. Schliesslich galt für Berlin damals noch der Viermächtestatus und die Überwachung der Flugkorridore war Sache des Alliierten Kontrollrats.

Erwähnen möchte ich meine ehemaligen Kollegen Udo Donner und Uli Teuber, mit denen wir als Team die Aufgabe gestemmt haben. Bedanken möchte ich mich bei Peter Holleczek, der mir bei der Erstellung des Manuskripts geholfen hat.

Alle Fotos stammen von der Verfasserin.

Literaturverzeichnis

1. Fluglärmüberwachungsanlage - Aircraft Noise Monitoring System - System PR320 Z20; Technische Beschreibung - Technical Description; Siemens Aktiengesellschaft Zweigniederlassung Nürnberg, 8/1977, https://dl.gi.de/handle/20.500.12116/34352 (abgerufen am 29.09.2020)
2. Gesetz zum Schutz gegen Fluglärm vom 30.03.1971, Bundesgesetzblatt Jahrgang 1971 Teil I Nr. 28, ausgegeben am 02.04.1971 Seite 282, https://dejure.org/BGBl/1971/BGBl. I S. 282 (abgerufen am 30.09.2020)
3. Bekanntmachung der Neufassung des Gesetzes zum Schutz gegen Fluglärm vom 31. Oktober 2007, Bundesgesetzblatt Jahrgang 2007 Teil I Nr. 56, ausgegeben zu Bonn am 9. November 2007 Seite 2550, https://dejure.org/BGBl/2007/BGBl._I_S._2550(abgerufen am 30.09.2020)

4. Norm DIN 45643-1 (zurückgezogen): 1984-10: Messung und Beurteilung von Fluggeräuschen; Mess- und Kenngrössen, https://www.beuth.de/de/norm/din-45643-1/1151588 (abgerufen am 30.09.2020)
5. Norm DIN 45643: 2011-02: Messung und Beurteilung von Fluggeräuschen, https://www.beuth.de/de/norm/din-45643/136846081 (abgerufen am 30.09.2020)
6. Norm DIN 45641: 1990-06: Mittelung von Schallpegeln, https://www.beuth.de/de/norm/din-45641/1559129 (abgerufen am 30.09.2020)
7. Isermann, Vogelsang: Messung und Beurteilung von Fluggeräuschen - Vorstellung der neuen DIN 45643; DAGA 2011 Düsseldorf, https://www.researchgate.net/publication/224992881_Messung_und_Beurteilung_von_Fluggeraeuschen_-_Vorstellung_der_neuen_DIN_45643 (abgerufen am 30.09.2020)
8. Die Wurzeln der Nachhaltigkeit am Flughafen Frankfurt - 50 Jahre Umweltschutz am Flughafen, Spektrum Umwelt 6 2009, S. 6, Fraport AG Januar 2009, https://www.yumpu.com/de/document/view/20869795/50-jahre-umweltschutz-am-flughafen-frankfurt-fraport-ag (abgerufen am 30.09.2020)
9. Fluglärmbericht März 2019, Stuttgart Airport, https://www.flughafen-stuttgart.de/media/306339/fluglaerm-monatsbericht_maerz-2019.pdf (abgerufen am 28.09.2020)
10. Kampf dem Fluglärm in Berlin. Bln: Sen. f. Gesundheit u. Umweltschutz, 1980. 35 Seiten https://www.voebb.de/... (abgerufen am 30.09.2020)
11. Messbericht Fluglärmmessung Kiekebusch 07.02.2012 - 17.02.2012 Flughafen Berlin Brandenburg GmbH Stabsstelle Umwelt Fluglärmüberwachung, https://www.berlin-airport.de/de/unternehmen/umwelt/fluglaerm/fluglaermmessungen/mobile-messungen/2012/2012-02-kiekebusch.pdf (abgerufen am 30.09.2020)
12. Schmidt: Modernes Überwachungssystem zur Fluglärmüberwachung (German), Zeitschrift für Lärmbekämpfung; 49, 1; 26-28; 2002, https://www.tib.eu/de/suchen/id/tema%3ATEMA20020107203 (abgerufen am 30.09.2020)
13. Fluglärm und Fluglärmschutz am Flughafen München, Flughafen München GmbH, Oktober 2019, https://www.munich-airport.de/_b/0000000000000008030531bb5de90f62/Flugl-rmbrosch-re_Deutsch.pdf (abgerufen am 30.09.2020)
14. INAA: Interaktive Visualisierung der Flugrouten und Lärmpegel, Umwelt- und Nachbarschaftshaus Kelsterbach, https://www.umwelthaus.org/fluglaerm/anwendungen-service/inaa-air-traffic-noise/ (abgerufen am 30.09.2020)
15. Erster Flugbetriebscomputer ... für Lärmüberwachung ..., Anzeige in der NZZ am 26.01.1983 S. 29, https://zeitungsarchiv.nzz.ch/#archive... (abgerufen am 21.09.2020)

Realistic Scheduling Models and Analyses for Advanced Real-Time Embedded Systems

Georg von der Brüggen

Technische Universität Dortmund, Germany
georg.von-der-brueggen@tu-dortmund.de

Abstract. In real-time embedded systems, in addition to the functional correctness the compliance to timing constraints has to be guaranteed for each task. To provides these guarantees, a real-time scheduling analysis usually considers three components that build on one another: the system and task model, the scheduling algorithm with a related schedulability test, and a theoretical and/or empirical performance evaluation. Realistic scheduling models and analyses are essential to ensure that these guarantees are provided without resource over-provisioning.

1 Introduction

Real-time scheduling analysis usually focuses on three components that build on one another: the system and task model, the scheduling algorithm with related schedulability test, and a theoretical and/or empirical performance evaluation of the scheduling algorithm and/or the schedulability test. I analyzed these three components in my PhD thesis [1], focusing on the importance of realistic scheduling models and analyses for, one the one hand, guaranteeing timing correctness in advanced real-time systems while, on the other hand, ensuring that the system resources necessary to provide these guarantees are not over-provisioned.

Since I have been awarded the Graduation Award of the Expert Committee for Real-Time Systems of the German Informatics Society[1] for my PhD thesis *Realistic Scheduling Models and Analyses for Advanced Real-Time Embedded Systems* [1], some of its findings shall be recapped in the following, highlighting general observations and conclusions related to the importance of realistic models and analyses. For details, the reader is refereed to my thesis [1] or the related publications [2–11]. Note that citations will refer to the individual publications.

I want to thank the committee very much for rewarding me with this high honor. In addition, I want to take this opportunity to thank my friends, my family, and my co-workers for their support during my doctoral studies. I want to especially say thank you to my PhD adviser Jian-Jia Chen for his guidance, advice, support, trust, and understanding. Furthermore, I want to express my gratitude to all my co-authors for the opportunity to work with them.

---

[1] Graduiertenpreis des Fachausschuss Echtzeitsysteme der Gesellschaft für Informatik

© Der/die Autor(en), exklusiv lizenziert durch
Springer Fachmedien Wiesbaden GmbH, ein Teil von Springer Nature 2021
H. Unger (Hrsg.), *Echtzeit 2020*, Informatik aktuell,
https://doi.org/10.1007/978-3-658-32818-4_2

2   System and Task Model

Since most modern real-time systems are too complex to be analyzed directly, system characteristics are abstracted by models to enable the analysis of timing constraints. The most common models in real-time research are the long standing *periodic* [28] and *sporadic task models* [29], where each recurrent task τ_i in the system **T** is described by its *worst-case execution time* (WCET) C_i, its *relative deadline* D_i, and its *period* or *inter-arrival time* T_i. To fulfil its timing constraints, a job of τ_i released at time t must be able to execute up to C_i units of execution time before its absolute deadline at $t + D_i$ under all circumstances. We call a task set with *implicit deadlines* if $D_i = T_i$ for all tasks, with constrained deadlines if $D_i \leq T_i$ for all tasks, and with arbitrary deadlines otherwise.

While these models are able to describe some systems in sufficient detail, they in other situations must be extended by introducing additional parameters and/or constraints. One practically relevant situation where additional constraints are imposed are *automotive task systems* [24], where the task periods are chosen from a set of possible values, namely $\{1, 2, 5, 10, 20, 50, 100, 200, 1000\}$ ms, and may not arbitrarily take any value in a given range as assumed in many publications. If this information is captured by the model, it may be utilized in the scheduling algorithm and/or its analysis, leading to improved results. In contrast, not capturing important system behaviour, like release jitter, may lead to an optimistic and therefor wrong analysis, jeopardizing the systems safety.

Hence, the model must provide an abstraction that is accurate enough to describe the system precisely which is not always the case. For instance, due to the practical relevance of uncertain execution environments, *mixed-criticality systems* [32] became popular in the real-time systems research community. Such systems are assumed to start in a low-criticality mode, where all tasks must be serviced, and at some point may switch to a high-criticality mode, where the WCETs of tasks are increased. As the system is assumed to stay in high-criticality mode definitively, many solutions propose to drop some (predefined) low-criticality tasks when this mode switch happens. The related model however has been criticised [19, 20], since it does not match the expectations of systems engineers. Specifically, it has been argued that systems should return to the low-criticality mode under some conditions or after a sufficient amount of time, and that low-criticality tasks are still critical and hence should not be abandoned after the mode switch. *Systems with Dynamic Real-Time Guarantees*, introduced in [4, 11], answer to this criticism. They assume that the high-criticality mode happens rarely and, instead of dropping low-criticality tasks, assume that a small amount of deadline misses for the low-criticality tasks is acceptable in this situation. Hence, they guarantee timeliness for the high-criticality tasks under all circumstances and at least bounded tardiness for the low-criticality tasks in case of a mode switch. This not only allows to capture the mixed-criticality behaviour, but the model is also applicable when in other situations where tasks have multiple execution scenarios, for example, when the increased execution time is the result of software-based fault-tolerance operations to deal with transient faults.

That a model is flexible enough to describe a variety of systems with similar behaviour and is not too restrictive is desired. Otherwise, a large overhead for modelling and analysis is expected when a slightly different system is analysed. The self-suspension models known from the literature show that a good tradeoff between flexibility and restrictiveness is not always easy to find. Self-suspension refers to situations where tasks voluntarily give up the processor, even though the scheduler has given them the highest priority. Such behaviour is common, for instance, when task offload computation to external devices like GPUs or compete for mutual-exclusive shared resources. On the one hand, the *dynamic self-suspension* model [15, 16] only introduces a bound on the maximum total suspension time as an additional parameter. It assumes that suspension and computation can alternate arbitrarily as long as the total suspension and total computation time do not exceed the maximum suspension time and WCET, respectively, making the model *overly flexible* and *imprecise*. Therefore, any self-suspension behaviour can be modeled in this way. On the other hand, the *segmented self-suspension* model [15, 16] assumes a precisely known execution suspension pattern and is therefore *very precise* but *overly restrictive*. Hence, this model only allows to capture very specific situations where the execution pattern is static and the program structure is well known, assumptions that rarely hold in practice. The gap between these two models is bridged in [7] by introducing multiple *hybrid self-suspension* models, assuming that the self-suspending task is specified by a set of possible execution patterns that are known offline or that at least the maximum number of suspension intervals is known beforehand. This is justified by the observation that embedded system tasks usually serve one specific purpose. Therefore their execution behaviour may not be static but is usually similar for each job of a given task (e.g., reading a value, computing a result, and storing it). They are either applicable when no information which pattern is executed for a specific job is available online, so-called *pattern-oblivious models*, or when this can be determined at job arrival, so-called *pattern-clairvoyant models*. These models have different tradeoffs between flexibility and precision, based on the information known for the considered task set. The evaluation depicted in Figure 1 shows that, considering the same task sets, accessing this information results in a significantly better performance regarding schedulability compared to the state-of-the-art scheduler for the dynamic self-suspension model PASS-OPA [22]. The schedulability under the hybrid models is tested using an extension of the Shortest Execution Interval First Deadline Assignment (SEIFDA) for the segmented self-suspension model presented in [3]. Note that the suspension-clairvoyant model utilizes more information than the suspension-oblivious model which in turn utilizes more information than the dynamic model which is reflected by the improved acceptance ratio. Details about the evaluation setup and additional evaluation can be found in [7].

All in all, the hybrid self-suspension models show that additional information that is included into the model can achieve a more realistic description of the system at hand and thus a more precise analysis, which allows to reduce the over-provisioning of resources.

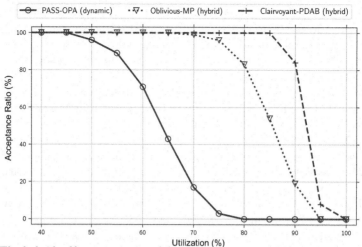

Fig. 1. The hybrid self-suspension models allow to accesses additional information and hence outperforms the state-of-the-art analysis for the dynamic self-suspension model in PASS-OPA [22].

3   Scheduling Algorithms and Schedulability Tests

Which scheduling algorithm is applied should be chosen based on the system at hand and considering the underlying task model. For periodic and sporadic tasks that are scheduled on a uniprocessor, for many classes of scheduling algorithms optimal algorithms are known. For example, rate-monotonic and earliest deadline first scheduling are optimal for implicit-deadline task sets considering preemptive static-priority [28] and preemptive dynamic-priority scheduling [28], respectively. When considering extended task models, this optimality usually does not hold anymore, e.g., rate-monotonic and earliest deadline first scheduling are both not optimal for mixed-criticality systems, non-preemptive scheduling, or self-suspending tasks. In this situation, good heuristics are a suitable alternative. Besides providing good schedulability, the runtime overhead of a scheduling algorithm must be reasonable. Problematic properties of algorithms are, for instance, a large number of context switches, and online adaptations like reordering of task/job priorities or disabling and restarting tasks at runtime. In addition, an exact or at a least sufficient schedulability test is essential to determine if a given task is schedulable even when considering an optimal scheduling algorithm. Besides being as precise as possible, such a test must also be computationally affordable. Considering the information available from the model and the scheduling algorithm allows a schedulability test to achieve a high precision, especially when the model provides a precise description of the system.

The potential gain of utilizing addition information provided by the model in the scheduling algorithm is high. One example has been provided in the resource oriented partitioned scheduling provided in [9]. Resource oriented partitioned scheduling (ROP) has been introduced in [23]. As the name suggests, it focuses

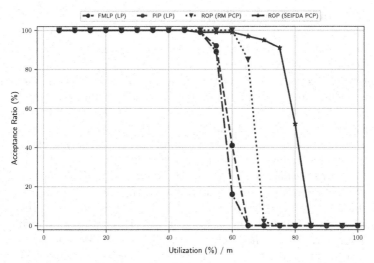

Fig. 2. Comparison of resource oriented partitioned scheduling (ROP) with other multiprocessor resource sharing protocols. ROP (RM PCP) is a general ROP, while ROP (SEIFDA PCP) in addition exploits the structure of the task systems, i.e., that each task has one critical section.

on scheduling the access to non-preemptive shared resources effectively while other multiprocessor resource sharing protocols focus on scheduling the tasks while optimizing the delays that results from accessing the shared resources. The general concept is reducing the multiprocessor resource sharing problem to a set of uniprocessor resource sharing problems. A resource oriented partition uses a set of synchronization processors to perform any resource access, which means that each resource is assigned to a dedicated processor and all critical sections that access a specific resource are migrated to the related processor. This has the advantage that on the synchronization processors well-known uniprocessor resource sharing protocols like the priority ceiling protocol (PCP) [31] or the stack resource policy (SRP) [12] can be utilized. For these protocols, each resource access can only by blocked by one access from lower-priority jobs, while for multiprocessor resource access $\Omega(m)$ blocking is unavoidable under a suspension-oblivious scheduling analysis. The non-critical sections, i.e., computation segments without resource access, of the tasks are executed on the remaining processors. As shown in Figure 2, for randomized tasks that each access on resource exactly once, resource oriented partitioned utilizing PCP under a rate-monotonic assigned on the synchronization processor clearly outperforms multiprocessor resource sharing protocols. Note that Figure 2 only depicts the two resource sharing protocols that provided the best performance in this setting. Information about the evaluation setup and comparison to additional resource sharing protocols can be found in [9]. When the SEIFDA algorithm [3], which is specialized to consider self-suspending tasks with one suspension interval, is utilized, the acceptance ratio is increased further. This shows the possible gain when algorithms utilize additional information provided in the model.

4   Performance Evaluation

While a schedulability test determines whether a given task set is schedulable using a specific algorithm, a performance evaluation provides insight into the overall performance of these scheduling algorithms and/or schedulability tests. On the one hand, an *empirical evaluation* typically evaluate the average case performance, often using benchmarks or randomly generated task sets. Such an empirical evaluation must cover a large range of interesting scenarios, since otherwise a scheduling algorithm or schedulability test that only performs well in certain, practically irrelevant scenarios may be classified as good. On the other hand, a *theoretical evaluation*, like a *utilization bound* and *speedup factor*, provides worst-case guarantees for scheduling algorithms or schedulability tests by determining the worst-case setup among all possibilities. However, the question remains if such a worst-case comparison allows a realistic general evaluation of a scheduling algorithm or schedulability test. The reason is that the determined worst-case setting may be practically irrelevant while the average case behaviour may in fact be very different due to a different system structure.

For instance, the well known *Liu and Layland Utilization Bound* [28] of $\sum_{\tau_i \in \mathbf{T}} \frac{C_i}{T_i} \leq ln(2) \approx 69.3\%$ for rate-monotonic scheduling of implicit-deadline task sets is tight, which means that all task sets with a utilization below or equal to $ln(2)$ are schedulable and that for each $\varepsilon > 0$ an unschedulable task set with a utilization of $ln(2) + \varepsilon$ can be found. However, this is done by constructing task sets where the largest period in $\mathbf{T}$ is at most two times the smallest period in $\mathbf{T}$ [28], while tasks periods typically range over multiple orders of magnitude [14] in commercial real-time systems, e.g., from 1 ms to 1000 ms [24] in automotive systems. Even more, a larger range results in a higher breakdown utilization [18]. Hence, such additional information that is known about the considered task set, like the period range, should be used to parametrize the utilization bound as suggested in [6]. It has been shown that the increase of *parametric utilization bounds* compared to their unparameterized counterparts can be large. For instance, when automotive systems with periods in $\{1, 2, 5, 10, 20, 50, 100, 200, 1000\}$ ms are considered, the utilization bound is at least 90% due to the semi-harmonic structure of the periods and can be further increased to 100% in many practical scenarios as shown in [8], which is a considerable improvement over the $\approx 69.3\%$ given by Liu and Layland's seminal bound. Hence, the bound of 90% results from the restriction to specific period, while the further increase results from parameters that can easily be determined when analyzing the task set. To be precise, the two additional parameters are the total utilization of tasks with period 1 and with period 100, 200, or 1000. For rate-monotonic non-preemptive scheduling, the utilization bound is know to be 0 [30], based on the fact that for a task τ_i with a short period T_i blocking from another lower-priority task τ_j with WCET $C_j > T_i$ ensures that τ_i can miss its deadline under non-preemptive scheduling, no matter how small C_i or how large T_j is. One may however argue, that in this situation non-preemptive scheduling should not have been considered in the first place. If the relation between the execution of lower-priority tasks and the task itself is considered as a parameter, the utilization bound may increase up to $\approx 69.3\%$ for non-preemptive scheduling as well if blocking times are sufficiently small as shown in [2].

Another de facto standard for theoretical evaluation are *speedup factors* ρ [25] of a scheduling algorithm $\mathcal{A}$ compared to a scheduling algorithm $\mathcal{B}$ (or of schedulability tests). It describes sub-optimality of $\mathcal{A}$ compared to $\mathcal{B}$ as the (maximum) speedup factor $\rho^{\mathcal{A} \rightarrow \mathcal{B}}$ between two scheduling algorithms $\mathcal{A}$ and $\mathcal{B}$ is the minimum increase in speed that necessary to ensure every task set that is schedulable with algorithm $\mathcal{B}$ can be scheduled by algorithm $\mathcal{A}$. Note that the speedup factor is usually normalized by assuming that $\mathcal{B}$ can schedule the task set at speed 1. The Liu and Layland Bound [28] of $ln(2)$ directly leads to a speedup factor of $\rho = \frac{1}{ln(2)} \approx 1.44$ for preemptive rate-monotonic scheduling compared to preemptive earliest deadline first scheduling [28] when considering implicit-deadline task sets. Since this utilization bound is tight, the related speedup factor is tight as well. This means that the speedup factor of the Liu and Layland Bound is the same as the speedup factor of *Time Demand Analysis* [26], which is quiet surprising since the Liu and Layland Bound is a sufficient schedulability test with linear runtime while Time Demand Analysis is exact and has an exponential runtime. Even more, Time Demand Analysis outperforms the Liu and Layland Bound significantly in an empirical evaluation (an example analysis considering randomized task sets is provided in Figure 3). Similar results can also be obtained when considering deadline-monotonic scheduling in comparison to earliest deadline first for constrained and arbitrary deadline task sets under both preemptive and non-preemptive scheduling as well as for non-preemptive scheduling of implicit deadline task sets as shown in [5], i.e., in all these cases the speedup factor of the sufficient linear-time test is the same as the one obtained by an exponential-time exact test. In addition, it can be shown that the speedup factors for deadline monotonic scheduling are optimal compared to earliest deadline first (i.e., deadline monotonic scheduling is speedup optimal [17]), even though deadline monotonic scheduling is neither an optimal static-priority algorithm for preemptive scheduling of arbitrary deadline task sets [27] nor for non-preemptive scheduling in general [21].

These and other findings from the literature resulted in a set of observations related to the use of utilization bounds and speedup factors which were presented in [6]. Some important observations from [6] are summarized in the following.

- Speedup factors and utilization bounds are often not able to discriminate between the performance of different scheduling algorithms and schedulability tests, even if the empirical performance is very different. Hence, they should only be considered for their negative implications, since they only provide information about worst-case performance.
- An algorithm or test that provides an optimal speedup factor or bound for that class of algorithms may still be substantially improved with respect to average-case performance.
- Scheduling algorithms or schedulability tests with a worse speedup factor or utilization bound may in practice perform (much) better than algorithms or tests with a better speedup factor or utilization bound. Therefore, con-

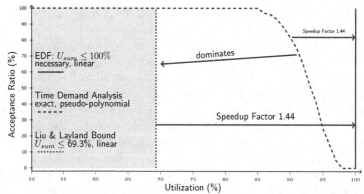

Fig. 3. Theoretical and empirical performance evaluation of scheduling algorithms for rate-monotonic preemptive scheduling in relation to preemptive earliest deadline first.

clusions regarding the quality of an algorithm or test drawn from speedup factors or utilization bound may directly contradict conclusions drawn from empirical performance evaluation.

Hence, instead of using utilization bound or speedup factors as the only mean of theoretical evaluation, regions of dominance should be determined when comparing scheduling algorithms or schedulability tests. In addition, parameterized augmentation functions that depend on a set of values related to the task sets parameters should be used instead of a single value like a utilization bound or speedup factor, as they reveal more detailed and nuanced information about the performance of scheduling algorithms or schedulability tests across a wide range of parameter values. This helps to avoid conclusions based on singularities resulting from unrealistic combinations of parameter values if this combination is irrelevant for the considered practical setting.

All in all, the provided parametric utilization bounds show that considering a restricted scenario, which models the system at hand more realistically, may increase the precision of the analysis drastically and hence avoid over-provisioning of system resources. Furthermore, examining speedup factors in practically relevant scenarios allows to determine the value of this metric and potential pitfalls.

5   Conclusion

The above shows anecdotally, how important realistic models and analyses are and that they allow to improve the analysis precision in real-time systems without jeopardizing the timing correctness. They are hence essential to provide timing guarantees without over-provisioning system resources. The potential gain may result from removing pessimism by more precisely modelling the system, which enables the access to additional information, or by ignoring practically irrelevant scenarios in algorithm design and analysis.

References

1. Georg von der Brüggen: *Realistic Scheduling Models and Analyses for Advanced Real-Time Embedded Systems.* PhD Thesis, TU Dortmund (Germany), (2019) http://dx.doi.org/10.17877/DE290R-20445.
2. Georg von der Brüggen, Jian-Jia Chen and Wen-Hung Huang: *Schedulability and Optimization Analysis for Non-preemptive Static Priority Scheduling Based on Task Utilization and Blocking Factors.* 27th Euromicro Conference on Real-Time Systems (ECRTS 2015).
3. Georg von der Brüggen, Wen-Hung Huang, Jian-Jia Chen, and Cong Liu: *Uniprocessor Scheduling Strategies for Self-Suspending Task Systems.* 24th Conference on Real-Time Networks and Systems (RTNS 2016).
4. Georg von der Brüggen, Kuan-Hsun Chen, Wen-Hung Huang, and Jian-Jia Chen: *Systems with Dynamic Real-Time Guarantees in Uncertain and Faulty Execution Environments.* 37th Real-Time Systems Symposium (RTSS 2016).
5. Georg von der Brüggen, Jian-Jia Chen, Robert I. Davis, and Wen-Hung Huang: *Exact speedup factors for linear-time schedulability tests for fixed-priority preemptive and non-preemptive scheduling.* Information Processing Letters 117 (2017).
6. Jian-Jia Chen, Georg von der Brüggen, Wen-Hung Huang, and Robert I. Davis: *On the Pitfalls of Resource Augmentation Factors and Utilization Bounds in Real-Time Scheduling.* 29th Euromicro Conference on Real-Time Systems (ECRTS 2017).
7. Georg von der Brüggen, Wen-Hung Huang and Jian-Jia Chen: *Hybrid self-suspension models in real-time embedded systems.* 23rd Conference on Embedded and Real-Time Computing Systems and Applications (RTCSA 2017).
8. Georg von der Brüggen, Niklas Ueter, Jian-Jia Chen, and Matthias Freier: *Parametric utilization bounds for implicit-deadline periodic tasks in automotive systems.* 25th Conference on Real-Time Networks and Systems (RTNS 2017).
9. Georg von der Brüggen, Jian-Jia Chen, Wen-Hung Huang, and Maolin Yang: *Release enforcement in resource-oriented partitioned scheduling for multiprocessor systems.* 25th Conference on Real-Time Networks and Systems (RTNS 2017).
10. Georg von der Brüggen, Nico Piatkowski, Kuan-Hsun Chen, Jian-Jia Chen, and Katharina Morik: *Efficiently Approximating the Probability of Deadline Misses in Real-Time Systems.* 30th Euromicro Conference on Real-Time Systems (ECRTS 2018).
11. Georg von der Brüggen, Lea Schönberger, and Jian-Jia Chen: *Do Nothing, But Carefully: Fault Tolerance with Timing Guarantees for Multiprocessor Systems Devoid of Online Adaptation.* 23rd IEEE Pacific Rim International Symposium on Dependable Computing (PRDC 2018).
12. Theodore P. Baker: *Stack-based Scheduling of Realtime Processes.* Real-Time Systems 1 (1991).
13. Björn B. Brandenburg and James H. Anderson. *Optimality Results for Multiprocessor Real-Time Locking.* 31st Real-Time Systems Symposium (RTSS 2010).
14. Alan Burns and Gordon Baxter: *Time Bands in Systems Structure.* Structure for Dependability: Computer-Based Systems (2006).
15. Jian-Jia Chen, Geoffrey Nelissen, Wen-Hung Huang, Maolin Yang, Björn B. Brandenburg, Konstantinos Bletsas, Cong Liu, Pascal Richard, Frederic Ridouard, Neil C. Audsley, Raj Rajkumar, Dionisio de Niz, and Georg von der Brüggen: *Many suspensions, many problems: a review of self-suspending tasks in real-time systems.* Real-Time Systems 55.1 (2019).

16. Jian-Jia Chen, Georg von der Brüggen, Wen-Hung Huang, and Cong Liu: *State of the art for scheduling and analyzing self-suspending sporadic real-time tasks*. 23rd Conference on Embedded and Real-Time Computing Systems and Applications (RTCSA 2017).

17. Robert I. Davis, Alan Burns, Sanjoy K. Baruah, Thomas Rothvoß, Laurent George, and Oliver Gettings: *Exact comparison of fixed priority and EDF scheduling based on speedup factors for both preemptive and non-preemptive paradigms*. Real-Time Systems 51.5 (2015).

18. Paul Emberson, Roger Stafford, and Robert I. Davis: *Techniques for the synthesis of multiprocessor tasksets*. Workshop on Analysis Tools and Methodologies for Embedded and Real-time Systems (WATERS 2010).

19. Rolf Ernst and Marco Di Natale: *Mixed Criticality Systems - A History of Misconceptions?* IEEE Design & Test 33.5 (2016).

20. Alexandre Esper, Geoffrey Nelissen, Vincent Nelis, and Eduardo To- var: *How realistic is the mixed-criticality real-time system model?* 23rd International Conference on Real Time Networks and Systems (RTNS 2015).

21. Laurent George, Nicolas Rivierre, and Marco Spuri: *Preemptive and Non-Preemptive Real-Time UniProcessor Scheduling*. Research Report. INRIA, 1996.

22. Wen-Hung Huang, Jian-Jia Chen, Husheng Zhou, and Cong Liu: *PASS: priority assignment of real-time tasks with dynamic sus- pending behavior under fixed-priority scheduling*. 52nd Annual Design Automation Conference (DAC 2015).

23. Wen-Hung Huang, Maolin Yang, and Jian-Jia Chen: *Resource- Oriented Partitioned Scheduling in Multiprocessor Systems: How to Partition and How to Share?* 37th Real-Time Systems Symposium (RTSS 2016).

24. Simon Kramer, Dirk Ziegenbein, and Arne Hamann: *Real world automotive benchmarks for free*. 6th International Workshop on Analysis Tools and Methodologies for Embedded and Real-time Systems (WATERS 2015).

25. Bala Kalyanasundaram and Kirk Pruhs: *Speed is as powerful as clairvoyance*. Journal of the ACM 47.4 (2000).

26. John P. Lehoczky, Lui Sha, and Ye Ding: *The Rate Monotonic Scheduling Algorithm: Exact Characterization and Average Case Behavior*. 10th Real-Time Systems Symposium (RTSS 1989).

27. John P. Lehoczky: *Fixed Priority Scheduling of Periodic Task Sets with Arbitrary Deadlines*. 11th Real-Time Systems Symposium (RTSS 1990).

28. C. L. Liu and James W. Layland: *Scheduling Algorithms for Multiprogramming in a Hard-Real-Time Environment*. Journal of the ACM 20.1 (1973).

29. Aloysius K. Mok: *Fundamental Design Problems of Distributed Systems for the Hard-Real-Time Environment*. Technical report (1983).

30. Mitra Nasri, Sanjoy K. Baruah, Gerhard Fohler, and Mehdi Kargahi: *On the Optimality of RM and EDF for Non-Preemptive Real-Time Harmonic Tasks*. 22nd Conference on Real-Time Networks and Systems (RTNS 2014).

31. Lui Sha, Ragunathan Rajkumar, and John P. Lehoczky: *Priority Inheritance Protocols: An Approach to Real-Time Synchronization*. IEEE Transaction on Computers 39.9 (1990).

32. Steve Vestal: *Preemptive Scheduling of Multi-criticality Systems with Varying Degrees of Execution Time Assurance*. 28th IEEE Real-Time Systems Symposium (RTSS 2007).

Hardware/Software Co-Design für eine Modulare Systemarchitektur

Carsten Weinhold, Nils Asmussen und Michael Roitzsch

Barkhausen Institut
Dresden
vorname.nachname@barkhauseninstitut.org

Zusammenfassung. Inhalt dieses Papiers ist die Vorstellung eines Hardware/Software Co-Designs für Rechnerknoten im Internet der Dinge. Als Grundlage dient das M^3-Mikrokernsystem, welches mittels einer neuartigen Hardware-Komponente sichere und effiziente Kommunikation zwischen Funktionsbausteinen innerhalb eines System-on-Chip erlaubt. Es wird außerdem ein Ausblick darauf gegeben, wie sichere Kommunikation über Knotengrenzen hinweg ermöglicht werden kann.

1 Motivation

Cyber-physikalische Systeme und das Internet der Dinge (Internet of Things, IoT) sind in vielen Bereichen allgegenwärtig und erobern immer neue Anwendungsfelder. Sie haben riesiges Potenzial für stärkere Automatisierung und Optimierung kritischer Infrastrukturen, sei es in der Energieversorgung, bei Verkehr und Transport oder im Gesundheitswesen. Durch die Vernetzung im IoT ist die Vielzahl der dafür benötigten Sensoren, Aktuatoren und Steuersysteme aber anfälliger und gegenüber möglichen Angreifern exponiert. Negative Auswirkungen betreffen dabei nicht länger „nur" die virtuelle Welt, sondern können unsere physische Umgebung direkt beeinflussen. Die Sicherheit aller IoT-Bausteine ist daher essenziell wichtig, denn bedroht sind sonst nicht nur kritische Infrastrukturen selbst, sondern auch Umwelt und die körperliche Unversehrtheit von Menschen im Wirkungsbereich.

Mikrokernbasierte Systeme Mit verschlüsselter und integritätsgeschützter Kommunikation im IoT allein ist es nicht getan. Auch die Endpunkte, also die Computer, mittels derer Sensoren und Steuerungseinheiten vernetzt werden, müssen abgesichert werden. Hohe Komplexität und mangelnde Isolation zwischen Subsystemen machen monolithische Betriebssysteme anfällig für Angriffe und sind damit ungeeignet [1]. Im Bereich der Systemsoftware haben sich Mikrokerne wie L4 [2] als geeignete Basis für die Konstruktion von komponentenbasierten Systemarchitekturen etabliert. Sie stellen ein gemeinsames Substrat bereit, auf dessen Grundlage ein für das jeweilige Anwendungsszenario angepasstes Betriebssystem aus Bausteinen konstruiert werden kann. Da alle Systemdienste und Gerätetreiber als isolierte und nicht privilegierte Nutzerprozesse ausgeführt werden, forciert der Mikrokernansatz die Einhaltung des Prinzips der

Springer Fachmedien Wiesbaden GmbH, ein Teil von Springer Nature 2021
H. Unger (Hrsg.), *Echtzeit 2020*, Informatik aktuell,
https://doi.org/10.1007/978-3-658-32818-4_3

geringstmöglichen Privilegierung. Jede einzelne Komponente weist eine kleinere Angriffsoberfläche [3] auf und ist standardmäßig isoliert von möglichen Ausfällen anderer Systemkomponenten. Um Kooperation zwischen Softwarekomponenten in verschiedenen Adressräumen zu ermöglichen, werden gezielt und nur nach Notwendigkeit Berechtigungen *(Capabilities)* zum Zugriff auf Kommunikationskanäle vergeben. Damit verbessern Systeme, die nach diesem Prinzip konstruiert werden, die Sicherheit bereits durch ihr Design.

Separierung in Hardware Die Ideen hinter dem Mikrokernansatz lassen sich auch auf Hardware übertragen. Beispielsweise werden beim Entwurf von Systems-on-Chip (SoC) oftmals Funktionsbausteine (IP-Blocks) von verschiedenen Zulieferern integriert. Solche Bausteine können nicht immer als vertrauenswürdig angesehen werden. So sind zugekaufte IP-Blocks für Funkmodems nicht nur sehr groß, sondern sie benötigen auch extrem komplexe Firmware, um die jeweiligen Kommunikationsprotokolle zu implementieren. Durch ausnutzbare Fehler in solcher Firmware sind oftmals Angriffe von außen auf das Betriebssystem und Anwendungsdaten auf dem Hauptprozessor des SoC möglich. Um derartige Angriffsvektoren drastisch zu erschweren, wäre standardmäßige Isolation von Funktionseinheiten auch innerhalb hochintegrierter Schaltungen wünschenswert. Dazu bedarf es einer vertrauenswürdige „Wächterkomponente" in Hardware, die potenziell kompromittierte Funktionsblöcke innerhalb des SoC in ähnlicher Weise reglementiert, wie ein Mikrokern die Kommunikation zwischen Prozessen verbietet oder zulässt. Sorgfältig entworfen und geeignet mit dem Network-on-Chip (NoC) integriert, kann eine solche Komponente die Integration beliebiger zugekaufter IP-Blocks in einen SoC vereinheitlichen und damit vereinfachen.

2 Überblick über die M^3-Architektur

Im Hardwarebereich gibt es bereits Tiled Architectures [4], bei denen Funktionsblöcke als modulare Bausteine in ein System integriert werden können. Diese sind zwar wie einzelne Kacheln (Tiles) physisch voneinander separiert, ihr Zugriff auf das NoC und somit alle anderen Funktionsblöcke ist aber nicht limitiert.

Hardwareunterstützung In Abbildung 1(a) ist die Hardwarearchitektur zu sehen, auf der das M^3-Mikrokernsystem [5] aufbaut. Hier wird eine sehr einfache Hardwarekomponente, die *Trusted Communication Unit (TCU)*, zwischen jeder Kachel und dem NoC eingefügt. Sie isoliert die einzelnen Kacheln voneinander, stellt aber auch eine einheitliche Schnittstelle zwischen einer Kachel und dem NoC dar, über die Kommunikation gezielt erlaubt werden kann. Die TCU entkoppelt damit die Entwicklung der Kacheln (Cores, Modems, etc.) von der Schnittstelle zur Verwaltung und Durchsetzung von Kommunikations- und Zugriffsbeschränkungen.

Kontrolle und Flexibilität Abbildung 1(b) zeigt die Software-Struktur. Der Kernel von M^3 läuft exklusiv auf einer eigenen *Kern-Kachel.* CPU-Cores, die

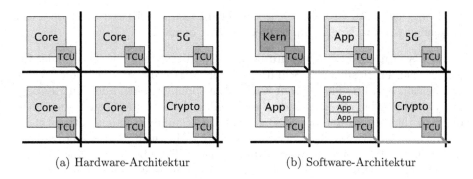

(a) Hardware-Architektur   (b) Software-Architektur

Abb. 1. Überblick der M^3-Architektur

Anwendungen ausführen, Beschleuniger und andere Funktionseinheiten werden als *User-Kacheln* bezeichnet. Der Kernel als einzige privilegierte Komponente kann sogenannte *Endpoints* in den TCUs konfigurieren. Damit kann er Kommunikationskanäle zwischen Paaren von TCUs und damit Kacheln etablieren (graue Linien im Bild). Auf Grund der physischen Separierung der verschiedenen Kacheln hat M^3 abgesehen von den vergleichsweise einfachen TCUs keine besonderen Anforderungen, wie etwa das Vorhandensein von Kernel- und User-Mode oder Memory Management Units in CPU-Kernen. Neben Cores können beliebige Funktionseinheiten als Kachel realisiert werden, wie etwa Beschleuniger oder Ein-/Ausgabegeräte. Damit kann der M^3-Kernel sowohl für in Software implementierte Funktionalität als auch für Hardware-Kacheln die Kommunikations- und Zugriffsrechte auf einheitliche Art und Weise verwalten.

Effizienz und Autonomie Die Gleichbehandlung von in Software und Hardware implementierter Funktionalität bringt weitere Vorteile gegenüber heute üblichen Betriebssystemen. Diese sprechen Beschleuniger häufig als Geräte an, die im Gegensatz zu Prozessen als Entitäten zweiter Klasse behandelt werden. Das Betriebssystem muss die Beschleuniger aktiv unterstützen, sobald diese Zugriff auf Dateisysteme, Netzwerk und andere Ressourcen benötigen. Dies führt zu Performanceverlust und zusätzlichem Overhead, wie z. B. durch Google's TPUs gezeigt, die eine CPU-Last von bis zu 76% verursachen [6]. Wir haben deshalb auf Basis von M^3 untersucht, inwieweit die Gleichstellung von Prozessen und Beschleunigern Leistung und Energieeffizienz verbessern. Im nächsten Abschnitt beleuchten wir, wie das M^3-Design dies insbesondere durch direkte Zusammenarbeit zwischen Kacheln ermöglicht [7].

3 Sichere und direkte Kommunikation in M^3

Die Gleichstellung von Beschleunigern und Prozessen wird in M^3 durch drei Prinzipien erreicht: 1) die TCU als einheitliche Kommunikationsschnittstelle, 2) die gleiche Behandlung aller Arten von User-Kacheln im M^3-Kernel und 3) einfache und effiziente Protokolle für den Zugriff auf Betriebssystemdienste. Im Folgenden werden diese Komponenten genauer beschrieben.

TCU als einheitliche Kommunikationsschnittstelle Die TCU bildet für jede Kachel im System die Schnittstelle zur Außenwelt. Sie stellt die einzige Möglichkeit dar, um mit anderen Kacheln zu kommunizieren oder auf Ressourcen außerhalb der eigenen Kachel zuzugreifen. Dies bietet Vorteile bezüglich der Sicherheit des Systems, weil so nur explizit erlaubte Kommunikationskanäle von den möglicherweise nicht vertrauenswürdigen Kacheln genutzt werden können. Gleichzeitig bietet die Verwendung einer TCU neben *jeder* Kachel auch den Vorteil, dass alle Kacheln eine einheitliche Kommunikationsschnittstelle haben. Somit können beliebige Kacheln auf die gleiche Art und Weise miteinander kommunizieren. Für die Kommunikation bietet die TCU zwei Mechanismen an: RDMA-ähnlichen Speicherzugriff und nachrichtenbasierte Kommunikation. Für ersteres kann ein Endpoint einer TCU zu einem *Memory-Endpoint* konfiguriert werden, welcher Zugriff auf einen bestimmten Speicherbereich auf einer Kachel im System bietet. Für letztere können *Send-Endpoints* und *Receive-Endpoints* konfiguriert werden, welche das Senden einer Nachricht erlauben. Aufbauend auf dem Nachrichtenaustausch zur Koordination und dem Speicherzugriff zum Austausch großer Datenmengen können die Kacheln beliebige Protokolle implementieren.

Behandlung von Kacheln im Kernel Der M^3-Kernel ist so konstruiert, dass Anwendungen kaum zwischen Software auf Prozessor-Kacheln und Beschleunigern unterscheiden müssen. Jegliche Aktivität auf einer Kachel wird daher vom M^3-Kernel als *Virtual Processing Element* (VPE)[1] repräsentiert. Eine VPE ist genau einer Kachel zugeordnet und besitzt Zugriff auf deren Recheneinheit (Core, Beschleuniger, I/O-Gerät, etc.) sowie auf deren TCU[2]. Zusätzlich besitzt eine VPE sogenannte *Capabilities*, die ähnlich wie in anderen Mikrokernsystemen wie L4 [2] den Zugriff auf Ressourcen gewähren und zwischen VPEs ausgetauscht werden können. Insbesondere erlaubt der Besitz einer geeigneten Capability die Konfiguration von Endpoints in der durch diese Capability benannten TCU, wodurch Kommunikationskanäle zwischen VPEs etabliert werden können.

Protokolle für Betriebssystemdienste Eine wesentliche Eigenschaft von M^3 besteht also darin, dass VPEs für jede Art von Kachel verwendet werden und somit Kommunikationskanäle zwischen beliebigen Kacheln erstellt werden können. Zum Beispiel könnte eine Software-basierte VPE auf einem General-Purpose-Core laufen, neue VPEs für zwei Beschleuniger und eine weitere Core-Kachel erstellen und zwischen diesen drei neuen VPEs Kommunikationskanäle aufbauen. Um diese Kanäle für alle Arten von Kacheln universell nutzbar zu machen, werden Protokolle benötigt, die einfach genug sind, um z. B. B. auch für Fixed-Function-Beschleuniger implementiert werden zu können.

---

[1] Die Kacheln heißen in M^3 *Processing Elements*.
[2] Die Recheneinheit und TCU können auch via Kontextwechsel zeitlich abwechselnd von mehreren Anwendungen genutzt werden [7].

Das File-Protokoll Wir haben für M^3 in Anlehnung an die UNIX-Philosophie „alles ist eine Datei" das *File-Protokoll* entworfen. Das File-Protokoll ist ein Client-Server-Protokoll. Es benutzt einen Nachrichtenkanal zur Koordinierung und einen Speicherkanal für den Datenaustausch. Um den Memory-Endpoint des Speicherkanals zu konfigurieren, muss der Client zunächst eine Anfrage über den Nachrichtenkanal zum Server schicken. Da Memory-Endpoints byteweisen Zugriff auf große 64-Bit-adressierte Speicherbereiche bieten, kann der Client nach dieser Anfrage typischerweise für lange Zeit arbeiten, ohne den Server erneut kontaktieren zu müssen. Um die Universalität dieses Protokolls zu demonstrieren haben wir darauf aufbauend das Dateisystem „m3fs", UNIX-ähnliche Pipes und ein virtuelles Terminal implementiert.

Das File-Protokoll für Fixed-Function-Beschleuniger Für programmierbare Beschleuniger kann das File-Protokoll in Software implementiert werden. Allerdings ist auch die Realisierung in Hardware möglich. Dazu haben wir dieses Protokoll auf Basis von gem5 [8] und gem5-Aladdin [9] als eine kleine Schaltung namens *Accelerator Support Module (ASM)* implementiert. Das ASM kommt neben einem unveränderten Fixed-Function-Beschleuniger zum Einsatz und ist dafür zuständig, die TCU-basierten Kommunikationskanäle entsprechend des File-Protokolls zu nutzen, um Eingabedaten in den lokalen Speicher zu laden, den Beschleuniger zu starten und anschließend die Ergebnisse an anderer Stelle zu speichern. Die Quelle für die Eingabedaten und die Senke für die Ergebnisse ist dabei jeweils eine Datei im Sinne des Protokolls (z. B. eine Datei in m3fs, eine Pipe, oder ein virtuelles Terminal).

4   Fallstudie: Autonome Beschleuniger

Auf Basis des File-Protokolls lassen sich Verarbeitungsketten über mehrere VPEs hinweg bilden, in denen sowohl Software als auch Fixed-Function-Beschleuniger zum Einsatz kommen. Da die Umsetzung des Protokolls an die ASMs delegiert wird, muss das Betriebssystem die Beschleuniger nicht mehr selbst treiben. Die bei traditionellen Betriebssystemen von dieser Koordinierung verursachte CPU-Last entfällt somit in M^3. Um die Verbesserung bei Effizienz und Performance zu ermitteln, haben wir ein Stream-Processing-Szenario evaluiert. Stream-Processing wird in vielen verschiedenen Bereichen wie Mobilfunk, Audioverarbeitung und Bildverarbeitung eingesetzt. Wir haben für das Experiment Bildverarbeitung gewählt, wie sie in IoT-Geräten mit Kamerasensoren Verwendung finden könnte.

Benchmark-Konfiguration Die Verarbeitung der Bilddaten findet in mehreren Schritten statt und wird auf drei Beschleuniger (FFT, Multiplikation, Inverse-FFT) verteilt. Das Eingabebild liegt dabei im Dateisystem und das Ergebnis soll nach der Operation (z. B. Kantenerkennung oder Tiefpassfilter) wieder im Dateisystem abgelegt werden. Dieses Szenario haben wir sowohl mit unserer Architektur ausgeführt, die „autonome Beschleuniger" ermöglicht, als auch mit dem traditionellen Ansatz, bei dem das Betriebssystem die Beschleu-

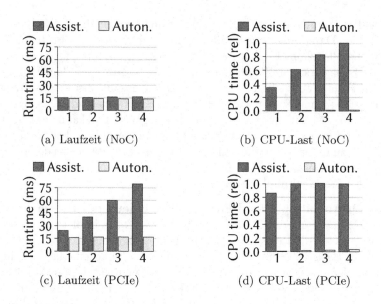

Abb. 2. Gesamtlaufzeit und CPU-Last für 1-4 parallele Bildverarbeitungen. In a) und b) sind die Beschleuniger in das NoC integriert, währenddessen sie in c) und d) auf einer PCIe-Erweiterungskarte untergebracht sind.

niger unterstützen muss. Das Experiment verwendet ein bis vier Instanzen jedes Beschleunigers. Wir variieren außerdem die Latenz, mit der Beschleuniger angesprochen können (niedrig bei Anbindung über NoC vs. hohe Latenz wie bei PCIe).

Auswertung Die Ergebnisse sind in Abbildung 2 dargestellt. Bei einer Anbindung der Beschleuniger an das NoC mit niedriger Latenz unterscheidet sich die Gesamtlaufzeit von unterstützendem Ansatz und autonom arbeitenden Beschleunigern kaum. Bei ersterem wächst die Ausführungszeit mit zunehmender Anzahl von parallelen Bildverarbeitungsketten nur leicht. Dies ändert sich allerdings, wenn die Latenz zwischen CPU und Beschleunigern größer wird wie bei einer PCIe-basierten Anbindung. Vor allem wird aber deutlich, dass der autonome Ansatz im Gegensatz zum unterstützenden Ansatz kaum CPU-Last verursacht. Beim unterstützenden Ansatz ist der CPU-Overhead größer und steigt mit Anzahl paralleler Verarbeitungsketten, da alle Datentransfers sowohl zwischen Dateisystem und Beschleuniger als auch zwischen zwei Beschleunigern durch das Betriebssystem angestoßen werden müssen. Im Gegensatz dazu genügt es bei unserem autonomen Ansatz, die Kommunikationsbeziehungen zwischen Dateisystem und Beschleunigern einmalig zu etablieren, so dass die Beschleuniger die Datenweiterleitung untereinander und mit dem Dateisystem größtenteils selbstständig und ohne Koordinierung von außen durchführen.

Unterstützung für Echtzeitanwendungen Die auf Kacheln basierende Systemarchitektur und die direkte Verkettung von Beschleunigern in M^3 sind unserer Meinung nach auch interessant für Echtzeitsysteme. Zum einen verhindert die Isolation der Kacheln untereinander bereits in der Hardware, dass verschiedene Aktivitäten Ressourcen teilen und sich gegenseitig beeinflussen. Zum anderen kann durch Verkettung autonomer Beschleuniger die traditionell der CPU obliegende Koordinierung vom kritischen Pfad entfernt werden. Beim autonomen Ansatz muss eine Beschleunigerkette lediglich einmalig aufgesetzt werden. Sie kann anschließend unabhängig vom restlichen System ausgeführt werden, wobei die TCUs dezentral durchsetzen, dass nur die zuvor konfigurierten Kommunikationskanäle genutzt und Störungen von außerhalb der jeweiligen Kacheln unterbunden werden.

5   Rechenzentren als Teil der Gesamtarchitektur

Zu einer integrierten Infrastruktur für das Internet der Dinge gehören auch Rechenzentren, die entfernte Rechenleistung in der Cloud anbieten, um die häufig schwächeren oder im Energieverbrauch begrenzten lokalen Prozessoren zu unterstützen. Ebenso können in Rechenzentren Sensordaten zusammengefasst werden, um eine Gesamtsicht auf ein verteiltes Sensornetzwerk zu bekommen. Obwohl es sich hierbei im Vergleich zu eingebetteten und cyber-physikalischen Systemen auf den ersten Blick um eine andere Geräteklasse handelt, so sind doch auf den zweiten Blick viele Problemstellungen zumindest verwandt: auch in Rechenzentren sind eine rigorose Sicherheitsarchitektur und die effiziente Ausführung von Arbeitslasten mit geringen Latenzen essenzielle Anforderungen. Im laufenden Forschungsprojekt Caladan [10] wird daher untersucht, ob auch ähnliche Lösungen für diese Probleme erfolgversprechend sind.

Capability-basierte Sicherheitsarchitektur Wie in einem klassischen Mikrokernsystem setzt Caladan auch im Rechenzentrum durch, dass ausführende Einheiten zunächst keinerlei Zugriffsrechte haben (deny-by-default) und lediglich auf solche Ressourcen zugreifen können, für die explizit eine Capability etabliert wurde. Dadurch lässt sich eine starke und gut handhabbare Trennung von verschiedenen Bestandteilen einer komplexen Cloud-Infrastruktur umsetzen. Um eine vertrauenswürdige Implementierung des Capability-Systems zu gewährleisten, muss dieses vom Anwender-Code zuverlässig getrennt sein. Angesichts von Verwundbarkeiten auch in moderner Prozessor-Hardware ist hier eine physische Trennung nötig, weswegen die Caladan-Architektur vorsieht, das Capability-System auf einem SmartNIC-Netzwerkprozessor zu implementieren. Die SmartNIC übernimmt so die Rolle, die in einem M^3-System der TCU zukommt. Die Rolle des Kernels wird als verteiltes System auf den Prozessoren der SmartNICs realisiert. Anhand dieser architekturellen Parallelen kann man Caladan auch als verteiltes M^3-System für Rechenzentren auffassen.

Effizienz durch Beschleunigerverkettung Den Vorteil von M^3 durch effiziente Verkettung von heterogenen Beschleunigern eine Einsparung von Ressourcen zu erzielen, erwarten wir auch im Caladan-System. Auch im Rechenzentrum ist es wichtig, Ressourcen effizient zu nutzen und dadurch geringe Verarbeitungslatenzen zu erreichen. Die Nutzung von Beschleunigern, die auf die jeweilige Rechenaufgabe abgestimmt sind, ist daher eine wichtige Systemeigenschaft. Wie in M^3 werden auch in Caladan heterogene Ressourcen wie GPUs, KI-Beschleuniger und intelligente Speicher durch eine gemeinsame Schnittstelle abstrahiert, so dass diese direkt miteinander kommunizieren können. Mithilfe eines auf Datenfluss basierenden Programmiermodells ist es daher möglich, effiziente Verarbeitungsketten aus beliebigen Beschleunigern zu nutzen. In der Architektur von traditionellen Rechenzentren sind für solche Kommunikationswege stets koordinierende CPUs erforderlich, welche in Caladan eingespart werden können.

6   Ausblick und weiterführende Arbeiten

Unsere Vision für ein sicheres Internet der Dinge besteht in der Entwicklung von Hard- und Software-Bausteinen auf Basis des M^3-Mikrokernsystems, der TCU zur Anbindung beliebiger IP-Blocks und der Erweiterung des Konzepts auf verteilte Systeme [11]. Nachfolgend fassen wir weitere Forschungsschwerpunkte auf dem Weg zu diesem Ziel zusammen.

FPGA-Umsetzung   Um M^3 unter echten Bedingungen zu erproben, arbeiten wir aktuell an der Realisierung der TCU und anderer Funktionsbausteine auf einem FPGA-Schaltungssimulator.

Programmierung   Ein fehlerfreies Programm für M^3 zu entwickeln, welches die verschiedenen Beschleuniger optimal ausnutzt, aber dennoch portabel bleibt, ist eine komplexe Aufgabe. Deshalb haben wir die Programmierung als integralen Baustein für M^3 in unsere Forschung integriert. Basierend auf neuen Programmiermodellen soll bald ein Compiler diese Komplexität für den Programmierer minimieren [12,13]. Unser Ziel ist es, dass der Entwickler sequentielle Programme verfasst und dazu gängige Entwicklungswerkzeuge wie Debugger und Testbibliotheken verwenden kann, um Fehler zu finden. Der Compiler zerlegt dann das Programm in kleine M^3-Teilprogramme und optimiert sie für die jeweilige M^3-Zielarchitektur, entweder im IoT-Gerät oder eben in der Cloud.

Verteilte Systeme   Das M^3-Mikrokernsystem besitzt per Konstruktion eine modulare Komponentenstruktur. Der Kernel und die TCU stellen die Basisprimitive für Sicherheit und Vertrauen innerhalb des SoC einer Rechnerkomponente sicher. In ähnlicher Weise setzt die Architektur von Caladan das Vertrauen in die SmartNICs und die Netzwerkinfrastruktur voraus, welche die Integrität des Rechenzentrums sicherstellen. In IoT-Szenarien arbeiten jedoch mehrere Geräte zusammen oder sind auf mehrere Rechenzentren verteilt. Damit wird die Netzwerkkommunikation zwischen Knoten eines solchen verteilten Systems sicherheitskritisch, da sich miteinander kooperierende Komponenten in den beteiligten Geräten gegenseitig vertrauen müssen. Zum Beispiel müssen Vertraulichkeit und Integrität von Sensordaten während des Transports zu einem Steuerrechner gewährleistet sein und Aktuatoren dürfen nur Steuerbefehle von der korrekten Kontrolleinheit annehmen und ausführen.

Attestierung und Sichere Updates Trusted-Computing-Techniken wie *Remote Attestation* ermöglichen es, das Vertrauen in entfernte Rechnerknoten auf eine kryptographisch gesicherte technische Basis zu stellen. Ein Fernziel ist daher die Integration attestierter und kryptographisch gesicherter Verbindungen mit den Capability-Systemen von M^3 und Caladan. Dabei ist vor allem die Frage interessant, wie durch Hardware/Software Co-Design der *Trust Anchor* für Remote Attestation minimiert werden kann. In Hardware verankertes Wissen über den Zustand entfernter Knoten ist auch ein wichtiger Baustein für zuverlässige Softwareaktualisierung, denn damit kann die Kompatibilität verteilter Komponenten überprüft und ein reibungsloser Betrieb sichergestellt werden.

Danksagung Diese Forschung wird mitfinanziert mit Steuermitteln auf Grundlage des von den Abgeordneten des Sächsischen Landtags beschlossenen Haushaltes.

Literaturverzeichnis

1. Simon Biggs, Damon Lee, and Gernot Heiser. The jury is in: Monolithic os design is flawed: Microkernel-based designs improve security. In *Proceedings of the 9th Asia-Pacific Workshop on Systems*, APSys '18, New York, NY, USA, 2018. Association for Computing Machinery.
2. Hermann Härtig, Michael Hohmuth, Jochen Liedtke, Sebastian Schönberg, and Jean Wolter. The performance of μkernel-based systems. In *SOSP*, volume 97, pages 66–77, 1997.
3. Hermann Härtig, Michael Hohmuth, Norman Feske, Christian Helmuth, Adam Lackorzynski, Frank Mehnert, and Michael Peter. The nizza secure-system architecture. In *2005 International Conference on Collaborative Computing: Networking, Applications and Worksharing*, pages 10–pp. IEEE, 2005.
4. David Wentzlaff, Patrick Griffin, Henry Hoffmann, Liewei Bao, Bruce Edwards, Carl Ramey, Matthew Mattina, Chyi-Chang Miao, John F. Brown III, and Anant Agarwal. On-chip interconnection architecture of the tile processor. *IEEE Micro*, 27:15–31, 10 2007.
5. Nils Asmussen, Marcus Völp, Benedikt Nöthen, Hermann Härtig, and Gerhard Fettweis. M3: A hardware/operating-system co-design to tame heterogeneous manycores. In *Proceedings of the Twenty-First International Conference on Architectural Support for Programming Languages and Operating Systems*, ASPLOS'16, pages 189–203. ACM, 2016.
6. Norman P. Jouppi, Cliff Young, Nishant Patil, David Patterson, Gaurav Agrawal, Raminder Bajwa, Sarah Bates, Suresh Bhatia, Nan Boden, Al Borchers, Rick Boyle, Pierre-luc Cantin, Clifford Chao, Chris Clark, Jeremy Coriell, Mike Daley, Matt Dau, Jeffrey Dean, Ben Gelb, Tara Vazir Ghaemmaghami, Rajendra Gottipati, William Gulland, Robert Hagmann, C. Richard Ho, Doug Hogberg, John Hu, Robert Hundt, Dan Hurt, Julian Ibarz, Aaron Jaffey, Alek Jaworski, Alexander Kaplan, Harshit Khaitan, Daniel Killebrew, Andy Koch, Naveen Kumar,

Steve Lacy, James Laudon, James Law, Diemthu Le, Chris Leary, Zhuyuan Liu, Kyle Lucke, Alan Lundin, Gordon MacKean, Adriana Maggiore, Maire Mahony, Kieran Miller, Rahul Nagarajan, Ravi Narayanaswami, Ray Ni, Kathy Nix, Thomas Norrie, Mark Omernick, Narayana Penukonda, Andy Phelps, Jonathan Ross, Matt Ross, Amir Salek, Emad Samadiani, Chris Severn, Gregory Sizikov, Matthew Snelham, Jed Souter, Dan Steinberg, Andy Swing, Mercedes Tan, Gregory Thorson, Bo Tian, Horia Toma, Erick Tuttle, Vijay Vasudevan, Richard Walter, Walter Wang, Eric Wilcox, and Doe Hyun Yoon. In-datacenter performance analysis of a tensor processing unit. In *Proceedings of the 44th Annual International Symposium on Computer Architecture*, ISCA'17, pages 1–12, New York, NY, USA, 2017. ACM.

7. Nils Asmussen, Michael Roitzsch, and Hermann Härtig. M^{3}x: Autonomous accelerators via context-enabled fast-path communication. In *2019 USENIX Annual Technical Conference (USENIX ATC 19)*, pages 617–632, Renton, WA, July 2019. USENIX Association.

8. Nathan Binkert, Bradford Beckmann, Gabriel Black, Steven K. Reinhardt, Ali Saidi, Arkaprava Basu, Joel Hestness, Derek R. Hower, Tushar Krishna, Somayeh Sardashti, Rathijit Sen, Korey Sewell, Muhammad Shoaib, Nilay Vaish, Mark D. Hill, and David A. Wood. The gem5 simulator. *SIGARCH Computer Architecture News*, 39(2):1–7, u 2011.

9. Yakun Sophia Shao, Sam Likun Xi, Vijayalakshmi Srinivasan, Gu-Yeon Wei, and David Brooks. Co-designing accelerators and SoC interfaces using gem5-aladdin. In *Proceedings of the 49th Annual IEEE/ACM International Symposium on Microarchitecture*, MICRO'16, pages 1–12. IEEE, 2016.

10. Lluis Vilanova, Lina Maudlej, Matthias Hille, Nils Asmussen, Michael Roitzsch, and Mark Silberstein. Caladan: A distributed meta-os for data center disaggregation. In *10th Workshop on Systems for Post-Moore Architectures (SPMA)*, April 2020.

11. Nils Asmussen, Michael Roitzsch, and Carsten Weinhold. Pluggable components all the way down. In *1st International Workshop on Next-Generation Operating Systems for Cyber-Physical Systems (NGOSCPS)*, April 2019.

12. Sebastian Ertel, Andrés Goens, Justus Adam, and Jeronimo Castrillon. Compiling for concise code and efficient i/o. In *Proceedings of the 27th International Conference on Compiler Construction*, CC 2018, pages 104–115, New York, NY, USA, 2018. Association for Computing Machinery.

13. Sebastian Ertel, Justus Adam, Norman A. Rink, Andrés Goens, and Jeronimo Castrillon. Stclang: State thread composition as a foundation for monadic dataflow parallelism. In *Proceedings of the 12th ACM SIGPLAN International Symposium on Haskell*, Haskell 2019, pages 146–161, New York, NY, USA, 2019. Association for Computing Machinery.

Hard Real-Time Memory-Management in a Single Clock Cycle (on FPGAs)

Simon Lohmann and Dietmar Tutsch

University of Wuppertal
School of Electrical, Information and Media Engineering
Chair of Automation / Computer Science
Rainer-Gruenter-Str. 21, 42119 Wuppertal, Germany
`{slohmann,tutsch}@uni-wuppertal.de`

Abstract. We present a hard real-time memory management system which achieves a worst-case complexity of $\mathcal{O}(1)$ for traditional single-cell operations as well as for selected multi-cell operations. On FPGAs, execution time decreases to a single clock cycle per operation.

1 Introduction

One central problem in memory management is *fragmentation*, with the problematic case of having an allocation request larger than any of the available unused memory fragments. If this happens in classical memory management systems, *defragmentation* is unavoidable and results in non-real-time behaviour.

1.1 Contribution

We present a memory management system designed to operate in hard real-time, avoiding this issue. This includes allocation/deallocation of single cells *(PickUp-FreeCell, PickUpReservedCell, ReturnFreeCellByAddress)* and additional operations on multiple cells *(RequestReservation, ReturnReservationByAmount, ReturnFreeCellRingByAddress)*. This can be implemented on FPGAs in such a way that every operation is executed in a single clock cycle.

1.2 Related Work

Hard real-time and truly dynamic memory allocation are still some kind of arch enemies: Static allocation is the traditional [1] and still the easiest way to get hard real-time behaviour, as it is perfectly predictable.

Safety standards for real-time systems like AUTOSAR AP [2] allow the use of dynamic memory allocation, but restrict its use in various ways: The amount of memory of each program has to be known prior to its start. Dynamic memory allocation by automatic object instantiation is allowed, but this is still essentially restricted to the previously statically reserved memory block allocated for the program [2, p. 341 Dynamic Memory Management] – it basically boils down to static allocation and some rules on how to automatically reuse that for dynamic objects.

© Der/die Autor(en), exklusiv lizenziert durch
Springer Fachmedien Wiesbaden GmbH, ein Teil von Springer Nature 2021
H. Unger (Hrsg.), *Echtzeit 2020*, Informatik aktuell,
https://doi.org/10.1007/978-3-658-32818-4_4

In 2012, Kenwright presented a *Fast Efficient Fixed-Size Memory Pool*, operating without the need for any loops or recursion, which executes memory allocations and deallocations of single equally sized blocks in $\mathcal{O}(1)$ worst case [3]. The memory manager presented there requires getting a contiguous block of memory at the start [p. 4, Limitations]. Its memory space can be expanded on the fly if the managed memory block is directly followed by unused memory (always expanding in the same direction from the starting block). Kenwright proposes a way to shrink the memory space in case of low maximum allocation load.

Real Time memory management: life and times [1] by Borg and Wellings provides an overview of the problems of memory management in a real-time environment and proposes a way to classify memory models according to their time and space overhead in comparison to the available information.

Lindblad discusses the problem of memory fragmentation and ways to reduce its negative performance impact in *Handling Memory Fragmentation* [4].

Puaut [5] analyses the time complexity of various memory allocation methods in regard to their practical use in a real-time system. This includes theoretical analysis of the worst cases for allocation and deallocation as well as practical examples with synthetic workloads.

Though developed independently of [3], our approach also uses the idea of storing the largest part of the management structure in the unused memory. It does however not share the before mentioned restrictions: We can use arbitrary collections of memory cells and expand and shrink our memory space by adding or removing arbitrary amounts of (not necessarily contiguous) memory from the running system at will[1]. Our system additionally provides a reservation mechanism which handles reservations of arbitrary size in $\mathcal{O}(1)$ worst case.

1.3 Content Overview

In the following section of the paper, we provide a clarification of our terminology and notation. Section 3 then reiterates the problem of fragmentation and explains our way of dealing with it as well as our reservation system. The memory management operations offered by our system are illuminated in Section 4, including mathematical representations of their required calculations. Section 5 is an analysis regarding time complexity, memory accesses and execution time of our system, followed by Section 6 which shows the main limitations of our approach. Section 7 discusses the main advantages and disadvantages of our memory management system, followed by the conclusion in Section 8.

2 Terminology and Notation

The entire system revolves around the use of the *memory cell*, an entity containing a *data*-field and a *next*-pointer. These memory cells can be nodes of a singly linked list. To avoid the problem of fragmentation, we define all *memory cells*

---

[1] as long as the memory cell is not used

to be of identical size[2]. For simplification of the practical implementation and improved execution speed, the memory layout of the cells should always be the same. This way locating the *next*-pointer or the *data*-field in the cell requires no (time intensive) decisions/branches.

When showing data structures in the following, everything is built of linked *nodes*, with each node being a *memory cell*. We distinguish two types of nodes: $\boxed{D}$*ata nodes* contain user data in their *data*-field. Their content is not relevant to the memory manager. All we have to do is preserve the *data*-fields content as long as the cell it belongs to is being used. $\boxed{C}$*ontrol nodes* contain metadata (pointers, counters, ...) in their *data*-field and are used to manage the data-structure itself, comparable to the head of a linked list.

Pointers hold the address of a node. If used in the datastructure, they are shown as ➤, while temporarily used and external pointers are represented by ⟶. *NULL*-pointers are marked with ⊢.

Signals can be thought of as the values on electrical wires in a digital circuit. The current value of a *signal* is *counter* and *counter*$^+$ is the value in the next cycle. Incrementing *counter* by one will be written as $counter^+ = counter + 1$.

3   Fragmentation and Reservation

3.1   Fragmentation

Fragmentation occurs when various dynamic memory allocations and deallocations are interleaved. The freely available set of memory is divided into smaller fragments by currently allocated memory blocks. As soon as a new allocation is larger than any available fragment, defragmentation (moving currently used memory blocks to take down such dividing barriers) is required, which introduces an inherently unpredictable time penalty. The amount of fragmentation occurring over time can be reduced with special allocation schemes – which on the other hand introduce additional complexity.

Memory pools provide an alternate approach, but their fixed size reservations might not fit the dynamic nature of memory requirements in the target system. Using multiple memory pools with differently sized blocks helps, but as soon as recombination or splitting of blocks is required the time complexity rises again as this case is (to some extent) similar to defragmentation.

We circumvent the problem of fragmentation by building our system on equally sized blocks (called *memory cells*). These are connected to each other via their *next*-pointers, forming the *list of unused cells*.This results in single-cell operations breaking down to the movement of a single cell/list element from the manager to the user (allocation) or vice versa (deallocation) and the modification of a few counters.

---

[2] The size of a *memory cell* might be chosen to reflect the size of one memory transaction. In this case, the management system (able to execute every request in a single clock cycle as shown later) operates at the same speed as regular memory access and is therefore perfectly aligned with the hardware it is running on.

Three values are required for bookkeeping: The counter c_{rbnu} represents the amount of currently *reserved, but not used* memory cells. The amount of *free* (neither used nor reserved) cells is saved in c_{free}. The length of the *list of unused cells* can be derived as the sum of the two. The pointer *ptrUnused* keeps track of the address of the first cell in the *list of unused cells*[3].

3.2 Reservation

The reservation mechanism (realized with the counters c_{rbnu} and c_{free}) serves the purpose of keeping track of the amount of currently available memory, both for direct use and already reserved. While c_{rbnu} is the number of *reserved but not used* cells (those are *guaranteed* to be kept available for users that already reserved them), c_{free} is the amount of *completely free* cells available for further reservations or direct usage. Users can reserve memory in advance once they know the footprint of their next operation. This way critical operations can be started right after the reservation, being 100% sure that sufficient memory will be available throughout the entire operation once needed.

When a memory cell is about to be actually used, the user can directly grab the address currently presented on the output *addressOut* of the memory manager (which is always equal to *ptrUnused* and as such guaranteed to point to a free/reserved cell as long as one is available), and write to it. To inform the memory manager of a previously free/reserved, now used cell, a *PickUp-FreeCell/PickUpReservedCell* command is sent to the manager, updating the counters accordingly. Summing up the above, memory is not allocated in one step, but reserved (optional) and then picked up cell by cell as it is being used.

4 Memory Operations

The memory management system provides two address ports: On *addressOut* it always provides the address of the next unused memory cell – *NULL* if none is available – this means its value is identical to *ptrUnused*. When returning memory, the user sets *addressIn* to the address of the memory cell to return. For feedback on reservations (might fail due to memory shortage) we also need a signal to communicate the success or failure (called *reservationAccepted*).

Memory management is performed using the following operations:

4.1 RequestReservation

The user requests a reservation of n memory cells. Note that this is only the *reservation* of a specific *amount* of memory, unlike *malloc()* and friends, which reserve a specific *memory block* and return the start address of it. If sufficient memory is available ($c_{free} \geq n$) the reservation is accepted:

$$reservationAccepted^+ = (c_{free} \geq n) \tag{1}$$

---

[3] *NULL* if the list is empty. Choose any leftover address for that constant. Select a value different from zero if you enjoy confusing the people around you.

$$c_{free}^+ = c_{free} - x \qquad (2)$$
$$c_{rbnu}^+ = c_{rbnu} + x \qquad (3)$$

with $\qquad x = \begin{cases} n & c_{free} \geqslant n \\ 0 & c_{free} < n \end{cases} \qquad (4)$

4.2 PickUpFreeCell

The user notifies the system that the address presented on *addressOut* has been picked up without a previous reservation. This is only possible if $c_{free} > 0$. Reserving a bit at the memory management bus for this condition instead of passing and checking c_{free} might be a good idea for the practical implementation.

$$c_{free}^+ = c_{free} - 1 \qquad (5)$$
$$ptrUnused^+ = memory(ptrUnused).next \qquad (6)$$

4.3 PickUpReservedCell

Same as *PickUpFreeCell*, but this time at least one cell has been reserved before. Possible if $c_{rbnu} > 0$. If we assume that the user has reserved those cells before, this condition shall always evaluate to true when executing *PickUpReservedCell* – thereby eliminating one conditional execution path.

$$c_{rbnu}^+ = c_{rbnu} - 1 \qquad (7)$$
$$ptrUnused^+ = memory(ptrUnused).next \qquad (8)$$

4.4 ReturnFreeCellByAddress

The user returns a single memory cell which has previously been picked up (and therefore has an address). The cell at location *addressIn* is integrated into the *list of unused cells* by inserting it at the start of the list while updating the counters accordingly:

$$c_{free}^+ = c_{free} + 1 \qquad (9)$$
$$memory(addressIn).next^+ = ptrUnused \qquad (10)$$
$$ptrUnused^+ = addressIn \qquad (11)$$

4.5 ReturnFreeCellRingByAddress

The user returns a set of memory cells prepared in the form shown in Figure 1. The following requirements must be met: 1. The nodes form a closed ring. 2. The control node **L** a) contains the length of the ring in its *data*-field, b) is part of the ring and c) is being passed to *addressIn*.

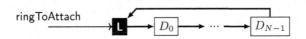

Fig. 1. A returnable linked structure.

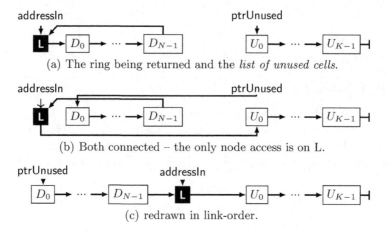

(a) The ring being returned and the *list of unused cells*.

(b) Both connected – the only node access is on L.

(c) redrawn in link-order.

Fig. 2. Pointer modification for *ReturnFreeCellRingByAddress*.

Figure 2 shows how the mechanism works. The parts we have to work with (Fig. 2(a)) are the ring of nodes the user intends to return (the ring on the left) and the *list of unused cells* it should be attached to (on the right).

To integrate the returned ring into the *list of unused cells*, *ptrUnused* is redirected to $\boxed{D_0}$ – note that this is the second, not the first node in the ring, seen from *ringToAttach*. This is important because in a singly linked list we can not go back to the previous node easily – which would be a problem here because we have to change the content of the 'previous' (actually first) node in the next step. Next we split the ring between $\blacksquare$ and $\boxed{D_0}$ – see Fig. 2(b) – by letting $\blacksquare$ point to $\boxed{U_0}$, the first node in the *list of unused cells*. As a last step, the counter c_{free} gets incremented by the value saved in $\blacksquare$ (the node count of the ring).

$$ptrUnused^+ = memory(addressIn).next \qquad (12)$$

$$memory(addressIn).next^+ = ptrUnused \qquad (13)$$

$$c_{free}^+ = c_{free} + memory(addressIn).data \qquad (14)$$

Neither the number of data nodes N nor the number of unused cells K has any influence on the time or space complexity because the data nodes $\boxed{D}$ and the unused cells $\boxed{U}$ are not being touched at all in the process.

4.6   ReturnReservationByAmount

The user returns a specific amount n of reserved cells. As reservations are not tied to specific calls of *RequestReservation* or addresses (unlike e.g. `malloc()`), users are permitted to return multiple reservations in a single operation[4].

$$c_{free}^+ = c_{free} + n \qquad (15) \qquad\qquad c_{rbnu}^+ = c_{rbnu} - n \qquad (16)$$

---

[4] This might be useful if for example the user cancels his current work and had previously placed multiple reservations, which he now can return in a single operation

4.7 Idle

This is only relevant if executed on FPGAs. Our architecture has to acknowledge the fact that the system is sometimes idle. This could be substituted by requesting/returning a reservation of size zero, but if multiple users use the memory manager by a common bus, it seems more reasonable to only submit 'active' commands and go to idle if no submission is received. Otherwise routing of multiple requests introduces unnecessary time complexity, having to resolve which requests are actually important and which are just dummies.

4.8 Resizing the Managed Memory Space

Resizing the managed collection of memory is possible during run time: Incorporating new memory into the system can be done by 'returning' new memory cells with *ReturnFreeCellByAddress* or by linking an entire prepared[5] memory collection with *ReturnFreeCellRingByAddress*. As the memory manager does not check if returned cells have ever been given out, it operates perfectly fine in such a case, just incrementing c_{free} accordingly.

Shrinking the collection of managed memory can be performed by not reintegrating memory cells into the *list of unused cells* when returned or removing cells from the *list of unused cells* with *PickUpFreeCell*. This does (most likely) not lead to a continuous block being freed, which would be hard to do anyway because the managed memory does not necessarily form a continuous memory block – and if it did, we would need defragmentation, returning to the problem we originally wanted to avoid. It could however be possible to insert some *sort by address* scheme into the *list of unused cells*, which would lead to increased locality in the *list of unused cells* and possibly some continuous blocks.

5 Time Complexity & Execution Time

5.1 Pointers

The assignment for *ptrUnused* chooses one element out of {*ptrUnused*, *memory(ptrUnused).next*, *addressIn*} and as such is a simple *choose on out of three* multiplexer and therefore $\mathcal{O}(1)$ in worst case.

The assignment value for *memory(addressIn).next* is one of {*ptrUnused*, *memory(addressIn).next*}. It either keeps its value or gets assigned the value of *ptrUnused*. As simple conditional assignment, hard real-time is easily achieved.

5.2 Counters

All counter calculations appear in the form

$$c^+_{free} = c_{free} + f \tag{17}$$

$$c^+_{rbnu} = c_{rbnu} + r \tag{18}$$

---

[5] organized as a linked ring, see 4.5

The specific values for f and r can be found in Table 1 and do not add complexity apart from $memory(addressIn).data$ which is a single memory cell access and therefore $\mathcal{O}(1)$. Obviously such a sum with a finite amount of terms is also $\mathcal{O}(1)$ in worst case.

Table 1. Values of f and r for different operations.

Operation	f	r
Idle	0	0
PickUpFreeCell	-1	0
PickUpReservedCell	0	-1
RequestReservation	$-n$	n
ReturnFreeCellByAddress	1	0
ReturnFreeCellRingByAddress	$memory(addressIn).data$	0
ReturnReservationByAmount	n	$-n$

5.3   Memory Cell Accesses

Beneath time complexity, another important metric is the number of simultaneous memory accesses per operation. For our target platform (FPGAs) we assume that the memory cells are stored in a central RAM, while other values used for memory management are kept in separate dedicated hardware registers. In this situation the RAM and the registers can be read/written all at once in parallel.

The only possible problematic case could now arise from multiple RAM accesses. However, as shown in 5.1, at most one memory cell is being written by management at all for each moment in time. This cell – $memory(addressIn)$ – is also the only one being read by the management system, so the total number of cells accessed is one. A second memory access is reserved for the user to actually use his memory, which is the perfect use case for dual-port memory. Summarizing, two cells at most are being accessed at each point in time.

5.4   Execution Time

As all parts (modifications of counters, pointers and memory cells) required for the execution of one memory operation are independent of each other, the system can be completely parallelized on an FPGA, resulting in a constant execution time of only a *single* clock-cycle. Though primarily targeted at the parallel nature of FPGAs, the presented memory management also works well on traditional single threaded/CPU based systems by simply executing the otherwise parallelized steps one after another. Either way, the total execution time of any of the presented operations does not depend on the amount of memory cells being operated on. The accordingly executed counter modifications only involve sums with a small, fixed amount of terms (as laid out in 5.2). The worst case time complexity of each of the operations is therefore $\mathcal{O}(1)$.

6   Limitations

The memory management presented only works with memory cells of equal size, which are given out to the user as single cells. If larger memory blocks are needed, the user is responsible for the virtualization into bigger blocks. It is therefore most useful were unidirectional linked structures are used anyway.

Neither the management system nor the reservation mechanism keep track of *who* has reserved or picked up a certain memory cell or a bigger chunk of memory. Allocated memory cells can be passed to other users without informing the management system, as long as it remains clear who will return the cells once they are no longer needed. Our system is therefore exclusively usable in a environment where the users can be trusted to only operate on their own allocations/reservations, respectively operate strictly cooperative with other users.

It also does not have concept of which memory cells are currently allocated and therefore no knowledge about the entire usable memory space. It could possibly check if a memory cell is part of the *list of unused cells*, but not if it has been given out and is currently used, as this is no different from memory cells that were never part of the currently managed memory space. Such an untracked passing of nodes in/out of the system can also be utilized as a feature (see 4.8).

7   Discussion

Our memory manager provides yet another case supporting the classic theory of the trade-off between memory requirements and processing power [6]: It comes with a tiny processing overhead – keeping track of two counters plus inserting/removing one item from the start of a linked list – and (depending on the users requirements) a large memory impact – one additional pointer per memory cell.

This is however a good investment towards its main advantage: Every management operation is executable in $\mathcal{O}(1)$ – or in other words – hard real-time. All parts of the system are independently calculable during each operation, resulting in perfect parallelization. This leads to not only hard real-time, but also optimal execution time (a single clock cycle) on parallel architectures like FPGAs. Additionally, the footprint of the required logic on current FPGAs is also quite small as it essentially consists of two three-input sums[6], a pointer and a few multiplexers to select the inputs of those.

The main disadvantage to many applications will be that it does not provide the contiguous memory blocks we are used to. Its uses are therefore restricted to systems which can deal with memory split into separate linked cells – which are most likely systems that use linked data structures anyway. In such a system, the memory penalty mentioned above vanishes as the previously additional pointer *next* can now be directly incorporated into the users data structures.

---

[6] directly available as an FPGA primitive in our case

Our manager supports direct single cell allocation (*PickUpFreeCell*) and indirect multi cell allocation by reserving arbitrary amounts of memory and later picking those up cell by cell as memory is being used. Returning used memory (deallocation) can be done cell by cell or at once with arbitrarily large amounts of memory laid out in a ring structure. Reservations are strictly distinguished from picking up the reserved memory and can therefore be returned independently if not used – also partially.

A final difference to classic allocation with *malloc* is that our system has no history on reservations or allocated memory. It is therefore only practicable if all users can be trusted to strictly cooperate with the manager and the other users. This on the other hand allows users to partially return memory that was reserved in one step, or pass such parts of an allocation to other users while independently deallocating the rest.

8 Conclusion

Our memory management system executes each of its single cell and multi cell operations *PickUpFreeCell*, *PickUpReservedCell*, *RequestReservation*, *ReturnReservationByAmount*, *ReturnFreeCellByAddress* and *ReturnFreeCellRingByAddress* in hard real-time: Independent of architecture (serial or parallel execution) and amount of memory available, reserved or returned, the operations never exceed a time-complexity of $\mathcal{O}(1)$ in worst case.

On an FPGA, every part of the system runs in parallel, requiring no more than a *single clock cycle* while introducing only a small footprint on the FPGA's fabric – the presented memory management is not only hard real-time but also optimal regarding average and worst case execution time.

References

1. Borg, A., Wellings, A., Gill, C. and Cytron, R.K.: Real-Time Memory Management: Life and Times. In Proceedings of the 18th Euromicro Conference on Real-Time Systems, ECRTS'06, pp. 237–247. Dresden (2006), https://doi.org/10.1109/ECRTS.2006.21
2. AUTOSAR: Guidelines for the use of the C++14 language in critical and safety-related systems, AUTOSAR AP, Release 19-03. (2019)
3. Kenwright, B.: Fast Efficient Fixed-Size Memory Pool – No Loops and No Overhead In: Ullrich, T., Lorenz, P. (eds.) The Third International Conference on Computational Logics, Algebras, Programming, Tools, and Benchmarking, COMPUTATION TOOLS 2012, pp. 1–6. Nice, France (2012).
4. Lindblad, J.: Handling memory fragmentation. In EDN EUROPE (2004)
5. Puaut, I.: Real-Time Performance of Dynamic Memory Allocation Algorithms. In Proceedings of the 14th Euromicro Conference on Real-Time Systems, ECRTS'02 (2002), https://doi.org/10.1109/EMRTS.2002.1019184
6. Hopcroft, J.E., Paul,W.J. and Valiant, L.G.: On time versus space and related problems. In Proceedings of the 16th Annual Symposium on Foundations of Computer Science, Berkeley, California, USA, pp. 57–64. IEEE Computer Society (1975), https://doi.org/10.1109/SFCS.1975.23

Künstliche Intelligenz in der Miniaturautonomie

Stephan Pareigis, Tim Tiedemann, Markus Kasten, Morten Stehr,
Thorben Schnirpel, Luk Schwalb und Henri Burau

Department Informatik, HAW Hamburg
Berliner Tor 7, 20099 Hamburg
{stephan.pareigis|tim.tiedemann}@haw-hamburg.de

Zusammenfassung. Unter den Methoden der künstlichen Intelligenz
dominieren in den vergangenen Jahrzehnten die maschinellen Lernverfahren (ML) die Veröffentlichungen. Diese basieren wesentlich auf den
zugrundeliegenden Daten. Autonome Miniatursysteme schaffen zugäng-
liche Möglichkeiten, Daten im realistischen Umfeld zu erzeugen. Auf einem Modell-Frachtschiff im Maßstab 1:100 werden Umgebungsdaten gesammelt, die zum autonomen Betrieb herangezogen werden. Auf einem
Lastwagen im Maßstab 1:87 werden Kameradaten in einer Modellumgebung gesammelt, welche für ML-Methoden genutzt werden. Auf diesen
Daten können auf getrennter Hardware klassische Autonomieverfahren
getestet und weiterentwickelt werden. Ein weitergehendes Ziel ist eine
Autonomie auf den Miniaturfahrzeugen selbst. Dies benötigt ganz neue
Verfahren der sogenannten Miniaturautonomie. Der aktuelle Stand der
Laboraufbauten und die wissenschaftlichen Ziele werden beschrieben.

Anwendung von KI-Methoden im realen Umfeld

Methoden der künstlichen Intelligenz bilden eine technologische Grundlage für
halb- oder vollautomatisiertes Fahren von Fahrzeugen (siehe zum Beispiel die
Themenschwerpunkte auf der AAET [1]). Ein sicherheitskritischer Baustein der
Verfahren bildet die verlässliche Objektdetektion durch Auswertung von Sensordaten, zum Beispiel Kamera- oder Lidardaten. Hier werden zunehmend Methoden des maschinellen Lernens eingesetzt, etwa durch den Einsatz von Faltungs-
netzen. Ein weiterer sicherheitskritischer Baustein sind selbstlernende Systeme
(reinforcement learning), die basierend auf vorgegebenen Zielfunktionen möglichst optimale Entscheidungen treffen (siehe [2], [3], [4] für einen Überblick über
den Einsatz von maschinellem Lernen beim autonomen Fahren).

Die genannten Verfahren werden oft in Simulatoren trainiert und getestet.
Hierfür gibt es spezialisierte Simulatoren, etwa [5] für Anwendungen in der Ro-
botik und [6], [7] oder [8] für Anwendungen beim autonomen Fahren.

Die Übertragung der im Simulator entwickelten Verfahren auf die reale Anwendung *(real world)* ist nicht ganz einfach. Die Problematik wird oft als *Sim-2-
Real-Gap* bezeichnet (siehe etwa [9], [10], [11]). In speziellen Modellumgebungen
werden Technologien untersucht, welche die Sim-2-Real-Problematik angehen,
beispielsweise mit der schlichten Modellumbegung *Duckietown* [12].

Springer Fachmedien Wiesbaden GmbH, ein Teil von Springer Nature 2021
H. Unger (Hrsg.), *Echtzeit 2020*, Informatik aktuell,
https://doi.org/10.1007/978-3-658-32818-4_5

In der Miniaturautonomie [13], [14], [15] wird versucht, eine Modellumgebung zu schaffen, die der finalen Anwendung der maschinellen Lernverfahren auf Fahrzeugen, Schiffen oder Flugobjekten möglichst nahe kommt. Insbesondere soll die Miniaturanwendung ausreichend Komplexität besitzen, um die Problematik des Sim-2-Real-Gaps entsprechend abzubilden.

Im Folgenden beschreiben wir eine Teststrecke für miniaturautonome Modellfahrzeuge, die in unserem Labor entwickelt wurde, sowie die autonomen Modell-Fahrzeuge selbst. Danach beschreiben wir ein Modell-Frachtschiff, welches sich autonom im Hafen des Miniatur Wunderlands Hamburg [16] bewegen soll. Im letzten Kapitel geben wir einen Ausblick auf aktuelle Aktivitäten zu miniaturautonomen Luftfahrzeugen.

Modell-Umgebung für autonomes Fahren

Auf lange Sicht ist es das Ziel, Fahrzeuge (Laster, Omnibus) im Miniaturmaßstab 1:87 zu entwickeln, welche im Hamburger Miniatur Wunderland [16] auf den dortigen Modellstraßen autonom und ohne Verwendung des Fahrdrahts fahren sollen. Dazu wurde im Department Informatik der HAW Hamburg eine geeignete Teststrecke im Maßstab 1:87 gebaut (siehe Abbildung 1 rechtes Bild).

Abb. 1. Die Miniaturfahrzeuge (links) sammeln Bilddaten über die eingebaute Kamera (beim zweiten Fahrzeug von links ist die Kamera vorne in Fahrtrichtung montiert. Beim dritten und vierten Fahrzeug ist die Kamera noch nicht ausgerichtet, sondern hängt am Kabel und sieht nach oben. Der dicke schwarze Zylinder ist die WLAN-Antenne). Dabei werden die Fahrzeuge durch das Faller-Car-System gelenkt. Die Holzschienen mit Nut sind im Hintergrund sichtbar. Der Lenkwinkel wird im Fahrzeug mit einem Hall-Sensor gemessen. Zur Entwicklung einer auf Bilddaten basierenden Steuerung wird ein eingebauter Servomotor für die Lenkung mechanisch eingehakt, der die Faller-Car-Lenkung ersetzt. Rechts sieht man die fertig aufgebaute Teststrecke in unserem Labor. Der Fahrdraht ist vom Fahrbahnbelag verdeckt. (Bildquelle: Kasten/Schwalb [17], CC-BY 4.0)

Diese enthält ein kleines Verkehrsnetz, bestehend aus einer Ampelanlage, Straßenschildern, Kurven und Kreuzungen, wodurch viele grundlegende Verkehrssituationen erzeugbar sind. Die gewählten Szenarien verfolgen dabei das

Ziel, eine möglichst große Vielfalt auf dem geringen Platz zu ermöglichen. Dazu zählen Links- und Rechtskurven, verschiedenfarbige Straßenbeläge, einen Inner- und Außerortsbereich und unterschiedliche Straßenmarkierungen. Die Anlage ist mit Straßenlaternen ausgestattet, so dass unterschiedliche Beleuchtungsbedingungen (Tag / Nacht / Dämmerung / Gegenlicht) hergestellt werden können.

Unter den Straßen ist ein Fahrdraht des Faller Car Systems [21] verlegt, dem Fahrzeuge mithilfe eines an der Lenkung montierten Magneten folgen können. Dadurch ist es möglich, Kameradaten und den aktuellen Lenkwinkel zu erfassen, sowie andere bewegte Verkehrsteilnehmer mit einzubinden. Weichen, die sich an der Unterseite des Tisches befinden, kontrollieren das Verhalten der Fahrzeuge auf Kreuzungen. Für die Steuerung der Weichen, Ampeln und der Straßenbeleuchtung kommt eine Rasperry Pi-basierte Speicherprogrammierbare Steuerung (SPS) zum Einsatz.

Häuser, Bäume und Straßenschilder sind nicht verklebt, sondern mit Magneten auf Stahlblechen befestigt, die sich unterhalb der Rasenflächen befinden. Das macht es möglich, in wenigen Minuten die komplette Erscheinung zu ändern und neue Elemente hinzuzufügen.

Miniaturautonome Fahrzeuge

Als Fahrzeug für den autonomen Einsatz in der Modell-Umgebung wird ein Reisebus im Maßstab 1:87 entwickelt. Als Referenz wurden die Maße eines Faller H0-Reisebusses genommen. Wir beschreiben die aktuelle Version V1 und den Entwicklungsstand der zukünftigen Version V2.

Abbildung 1, linkes Bild, zeigt im Vordergrund den Faller-Reisebus. Im Hintergrund sind verschiedene Prototypen des Reisebusses V1 zu sehen. In Abbildung 2, linkes Bild, ist das Chassis des Reisebusses V1 dargestellt.

Das Chassis des Fahrzeugs V1 besteht aus einer Platine, auf der alle relevanten Komponenten montiert werden. Für die Lenkung und den Antrieb wird auf handelsübliche Komponenten aus dem H0-Modellbau zurückgegriffen. In der ersten Version basiert das Fahrzeug auf einem Espressif ESP32 Mikrocontroller, welcher eine WLAN-Schnittstelle und leistungsfähige Peripherie bietet. Das Fahrzeug ist mit einer nach vorne ausgerichteten Kamera, einer IMU, einem Sensor zur Erfassung des aktuellen Lenkwinkels und einem Encoder an der Hinterachse ausgestattet.

Das Bild der nach vorne ausgerichteten Kamera wird über WLAN an einen zentralen Rechner übertragen, der die Daten verarbeitet. Steuerungssignale werden auf dem selben Weg zurück an das Fahrzeug übermittelt. Die austauschbare Vorderradlenkung erlaubt es, das Fahrzeug entweder zum Sammeln von Daten mit Hilfe des Fahrdrahts zu verwenden, oder über ein Servo gesteuert vollständig autonom unterwegs zu sein.

Dieses Fahrzeug hat sich bereits zum Sammeln von Daten im Miniatur-Wunderland Hamburg bewährt. Dort konnten Bild- und Lenkwinkeldaten aufgezeichnet werden, die später für Versuche mit Reinforcement Learning Verwendung finden sollen.

Abb. 2. Linkes Bild: Rendering des ESP32-basierten Reisebusses V1. Die Aussparung in der Platine (links) dient der Unterbringung der Vorderreifen mit ausreichend Platz für den Lenkeinschlag. Der weiße Block vor dem Akku ist der Servomotor für die Lenkung. Im hinteren Bereich ist die dünne schwarze Hinterachse zu erkennen, auf die die Reifen aufgesteckt werden. Rechtes Bild: Rendering des FPGA-basierten Reisebusses V2. Der Servomotor für die Lenkung sitzt hier aus Platzgründen unter der Platine. Die Reisebusse sind jeweils 13 cm lang und 2.5 cm breit. (Bildquelle: [18], [19], CC-BY 4.0)

Die Wahl des ESP32 als zentralen Prozessor hat sich nach ersten Tests allerdings als ungünstig erwiesen. Durch die Übertragung der Bilder über WLAN liegt die Latenz je nach Signalstärke im Bereich von wenigen hundert Millisekunden mit regelmäßigen Aussetzern. Eine lokale Verarbeitung der Kameradaten auf dem Fahrzeug ist aufgrund der geringen Rechenleistung nur für sehr einfache Algorithmen [14] möglich. Des Weiteren unterstützt der ESP32 keine modernen Kameras mit MIPI-Schnittstelle, wodurch auf veraltete, qualitativ schlechte Kameras zurückgegriffen werden muss.

Um die genannten Probleme zu lösen wurde die Wahl der Prozessorarchitektur überdacht und mit der Entwicklung einer neuen modularen Fahrzeugplattform V2 begonnen. Abbildung 2 zeigt im rechten Bild das Chassis des Reisebusses V2. Diese basiert auf einem Xilinx Zynq UltraScale+ als zentralem Prozessor, welcher die Möglichkeiten zur lokalen Datenverarbeitung deutlich ausweitet. So kann direkt auf dem Fahrzeug der Vierkern ARM-Prozessor sowie ein leistungsstarker FPGA genutzt werden. Die Plattform verfügt außerdem über eine WLAN-Schnittstelle und bis zu zwei Google EdgeTPU Beschleuniger.

Der modulare Aufbau trennt die fahrzeugspezifische Peripherie, die allgemeine Peripherie wie ML-Beschleuniger und externe Schnittstellen, sowie den Prozessor voneinander. So kann jedes Modul je nach Anforderung ausgetauscht werden, was in Zukunft den Einsatz auf verschiedensten Fahrzeug-Arten und -Größen erlaubt.

Abbildung 3 zeigt Vorder- und Rückseite der Platine des Reisebusses V2.

Modell-Frachtschiff

Das Modell-Frachtschiff (MS NHAWigatora) ist ein 1:100 Schiffsmodell mit Heckschraube, Heckruder und Bugstrahlruder (Maße Länge 97 cm, Breite 14 cm, Höhe einschließlich Kameramast 20 cm, siehe Abbildung 4, linkes Bild, im Hafenbecken des Miniatur Wunderlands Hamburg).

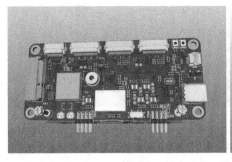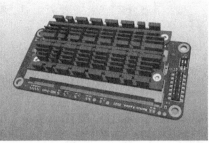

Abb. 3. Vorder- und Rückseite der Platine der generisch einsetzbaren Plattform. Es können bis zu drei Kameras angeschlossen werden, über eine USB-C Buchse kann beispielsweise ein LIDAR verbunden werden. Der Prozessor sitzt als Modul in einem eigenem Sockel, hier von einem Kühlkörper verdeckt. (Bildquelle: [20], CC-BY4.0)

Das Modell-Frachtschiff ist mit folgender Sensorik ausgestattet:

– inertiale Messeinheit IMU unterhalb des Decks
– Kamera auf dem Kameramast
– 2D Lidar am Bug des Schiffes
– elf Infrarot-Distanzsensoren rund um das Schiff verteilt

Aktuell ist ein RPi3 und ein RPi4 als Mikrocontroller verbaut. Abbildung 4 (rechtes Bild) zeigt ein Simulationsmodell des Modell-Frachtschiffs im *gazebo*-Simulator (siehe [5]). In der Abbildung sind die Positionen der Sensoren durch Kegel dargestellt. Der Lidar-Sensor ist so tief wie möglich integriert, um flache Strukturen wie flache Ufer möglichst gut erkennen zu können.

Grundlegend für die autonome Steuerung des Modellschiffs sind präzise Informationen über aktuelle Position und Bewegung des Schiffs. Es müssen also geeignete SLAM- und Odometrieverfahren angewendet werden. Eine Schwierigkeit beim Frachtschiff entsteht durch Bewegungen in allen drei Bewegungsachsen durch Rollen und Stampfen aufgrund von Wasser- und Luftbewegungen. Aus diesem Grund wurde eine IMU verbaut, um Roll- und Stampfbewegungen erfassen zu können und die Daten der übrigen Sensorik, insbesondere des Lidars, korrigieren zu können.

Für die Lokalisierung des Modellschiffs innerhalb einer Karte wurden zwei sich ergänzende Komponenten entwickelt. Eine Komponente ermittelt die Odometrie des Schiffs ausschließlich anhand der Kameradaten (siehe [26]). Die zweite Komponente verwendet die Odometriedaten und lokalisiert das Modellschiff innerhalb der Karte durch die Infrarot-Distanzsensoren (siehe [22]).

Beide Verfahren sollen zukünftig durch eine Simulationsumgebung unterstützt werden. Dazu wurde das Schiffsmodell im ROS-Simulator gazebo modelliert und simuliert. Ein selbstlernender Regler liefert in der Simulation bereits erste Ergebnisse.

Abb. 4. Links: Die MS NHAWigatora im Hafenbecken des Miniaturwunderlands. Hier wurden Sensordaten erfasst und die Aktorik getestet. Rechts: Visualisierung des Modells des Modell-Frachtschiffs im ROS-Simulator Gazebo. (Bildquelle: [25])

Lokalisierung durch Distanzsensoren

Infrarot-Distanzsensoren sind preiswert und lassen sich leicht im Modellschiff integrieren. Allerdings liefern sie unzuverlässige Messwerte, die auf dem Wasser etwa durch sporadische Reflexionen hervorgerufen werden können. Messausreißer wurden mit einem Median-Filter eliminiert.

Mit dem 2D-Lidar und Referenz-Odometrie-Daten wurde eine 3D-Karte der Umgebung erstellt. Die Daten für die dritte vertikale Achse entstehen durch das Rollen des Modellschiffs und decken durch den beschränkten Rollwinkel nur eine geringe Höhe in der vertikalen Achse ab.

Für die Lokalisierung des Modellschiffs in der Karte wurde ein Partikelfilter genutzt. Der zu schätzende Zustand wird mit einer X- und einer Y-Koordinate sowie einem Gierwinkel angegeben. Der Partikelfilter schätzt den Zustand anhand der Messwerte der elf Distanzsensoren und anhand von Odometriedaten. Die Gewichtszuweisung der Partikel im Partikelfilter basiert ausschließlich auf den Distanzsensordaten und der 3D-Karte. Hierfür werden die Distanzsensordaten anhand des Partikelzustands in die Karte transformiert und die Wahrscheinlichkeit berechnet, mit welcher diese Messwerte ausgelesen werden können.

Im ersten Schritt wurden Odometriedaten eines externen Trackingsystems verwendet. Zukünftig sollen die Odometriedaten verwendet werden, die durch die erste Komponente kamerabasiert auf dem Schiff erzeugt werden (siehe [26]).

Der Partikelfilter wurde für ressourcenarme eingebettete Systeme optimiert. Dies wurde durch eine variable Resampling-Frequenz sowie eine variable Anzahl an Partikeln realisiert. Mit 100 Partikeln kann eine Genauigkeit bei der XY-Position von 10 cm erreicht werden. Die durchschnittliche Abweichung beim Gierwinkel beträgt 8° (für Details siehe [22])

Simulation

Die Simulation des Schiffs wurde mithilfe des ROS-Gazebo-Simulators umgesetzt. Dafür wurden zunächst die physikalischen Parameter wie Maße, Gewicht und Trägheitstensor erfasst und in die Simulation übertragen. Zusätzlich wurde ein 3D-Modell des Miniaturschiffs erstellt. Aktorik und Sensorik wurde in der

Software durch Proxies gekapselt, um einen reibungslosen Wechsel zwischen Simulation und realer Hardware zu ermöglichen. Da Gazebo in der Grundkonfiguration keine Unterstützung für Wasserfahrzeuge anbietet, wurde diese mithilfe des *usv_gazebo_plugins* [23] hinzugefügt. Damit die Simulation außerdem für die Entwicklung von ML-Verfahren genutzt werden kann, wurde zusätzlich eine Schnittstelle für das *Open Ai Gym* [24] ergänzt.

Selbstlernender Regler

Für die Navigation des Modellschiffs innerhalb des Hafenbeckens wurde ein Ansatz mit einem selbstlernenden Regler (reinforcement learning) gewählt (siehe [25]). Dieser wurde in der Simulation eingelernt und getestet.

Für die Umsetzung der selbstlernenden Reglerkomponente wurde das Deep Q-Networks (DQN)-Verfahren (siehe [27]), aus der Klasse der Reinforcement Learning Verfahren, umgesetzt. Der Agent bekommt als Zustand die relative Position zum Zielpunkt sowie Geschwindigkeit und Ausrichtung. Als diskrete Aktionen stehen dem Agenten die Fahrt in die Richtungen vorwärts (Heckschraube), rückwärts (Heckschraube), steuerbord (Bugstrahlruder) und backbord (Bugstrahlruder) zur Verfügung. Das Belohungssignal ist die negierte Distanz zur Zielposition.

Das Training des selbstlernden Reglers erfolgt in der oben erläuterten Simulation. In Abständen von 200 Episoden wurden der Zustand des Reglers zwischengespeichert. Die Qualität des Trainings wurde mit zwei Tests bestimmt: In dem Rastertest, bei dem das Anfahren von Zielen unabhängig voneinander evaluiert wird und in dem Pfadtest, in dem eine Trajektorie aus Zielpunkten abgefahren wird. Abbildung 5 zeigt ein Ergebnis aus den vorgestellten Tests. Der Rastertest gilt als erfolgreich, wenn mehr als die Hälfte der Zielpunkte erreicht werden konnten. Für das erfolgreiche Bestehen des Pfadtests müssen hingegen alle Zielpunkte erreicht werden.

Beim implementierten DQN-Ansatz konnte der trainierte Regler in drei Lerndurchläufen den Rastertest bestehen. Auch der Pfadtest konnte in allen drei Durchläufen mindestens einmal bestanden werden.

Die beobachteten Manöver des Agenten zeigen jedoch die Einschränkungen des DQN-Ansatzes. Dadurch, dass nur diskrete Aktionen zur Verfügung stehen, können die Manöver nicht präzise durchgeführt werden. Die aktuelle Arbeit konzentriert sich auf selbstlernende Verfahren mit kontinuierlichem Aktionsraum, etwa DDPG (deep deterministic policy gradient) und SAC (soft actor critic).

Miniaturautonome Luftfahrzeuge

Motivation

Neben der Autonomie bei Straßen- und bei Wasserfahrzeugen stellen sich auch bei der Autonomie von Luftfahrzeugen kritische Fragen, die mit Hilfe von Miniaturluftfahrzeugen auf eine neue Weise untersucht werden können. Wie bei

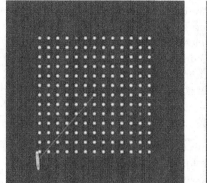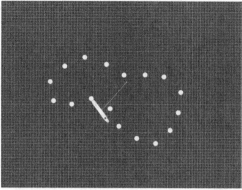

Abb. 5. Ergebnisse des Rastertests (links) und des Pfadtests (rechts). Die mit grau markierten Zielpunkte konnten nicht von dem selbstlernenden Regler erreicht werden. Im linken Bild befindet sich ein grauer Punkt in der obersten Punktereihe, zwei weitere nebeneinanderliegend rechts unterhalb der Mitte. Im rechten Bild konnten alle Punkte erreicht werden. (Bildquelle: [25])

den anderen Fahrzeugen ergibt sich die grundsätzliche Frage, mit welchem Ansatz eine Autonomie unter den beschränkten Rahmenbedingungen überhaupt realisierbar sein könnte. Damit entsteht wieder die Möglichkeit, den Kern der Autonomie neu zu entwerfen und dabei einen ganz neuen Ansatz mit einer ganz neuen Lösung zu erhalten. Zusätzlich ergibt sich bei Luftfahrzeugen noch ein deutlicher Vorteil bei der Motivation zur Testbarkeit. Neben den Vorteilen beim Test von Miniaturstraßen- und -wasserfahrzeugen zeigt sich bei Miniaturluftfahrzeugen ein besonderer Vorteil hinsichtlich der deutlich reduzierten Gefahren- und Gefährdungslage. Testflüge über entsprechend miniaturisierten Testgelände können komplett gefahrlos durchgeführt werden und für viele Fragestellungen kann auch ein Betrieb an einem Schleppkabel und damit durchgehende Langzeittests realisiert werden.

Aktueller Stand

Aktuell werden die Anforderungen an ein autonomes Minaturluftfahrzeug gesammelt und erste Modellrechnungen durchgeführt. Auch die Auswahl in Frage kommender Komponenten wird bereits untersucht. Angestrebt wird eine Kernelektronik, die auch für die Miniaturstraßen- und Miniaturwasserfahrzeuge verwendet wird. Die Verwendung von Off-the-shelf-Hardware als Flight-Controller könnte dabei für eine schnell zu realisierende erste Version eine gute Option sein. Schließlich wurde im Rahmen der Komponentenauswahl auch mit einer ersten Literaturrecherche begonnen.

Literaturverzeichnis

1. AAET, Automatisiertes und Vernetztes Fahren, jährliche Tagung in Braunschweig, [online] Available at: `https://aaet.de/`
2. Grigorescu, Sorin and Trasnea, Bogdan and Cocias, Tiberiu and Macesanu, Gigel. (2019). *A survey of deep learning techniques for autonomous driving.* Journal of Field Robotics, 10.1002/rob.21918.
3. Koirala, Nirajan. (2020). *Applications of Deep Learning Methods in Autonomous Driving Systems.* preprint.
4. Oussama, Aatiq and Mohamed, Talea. (2020). *A Literature Review of Steering Angle Prediction Algorithms for Self-driving Cars.* 10.1007/978-3-030-36674-2.4.
5. ROS gazebo [online] Available at: `http://wiki.ros.org/gazebo\_ros\_pkgs`
6. TORCS. freie Autorennsimulation [online] Available at: `https://de.wikipedia.org/wiki/TORCS`
7. CARLA. open source simulator for autonomous driving research [online] Available at: `https://carla.org`
8. rFpro. driving simulation software and Digital-Twins [online] Available at: `http://www.rfpro.com`
9. 2nd Workshop on Closing the Reality Gap in Sim2Real Transfer for Robotics. [online] Available at: `https://sim2real.github.io`
10. Jie Tan and Tingnan Zhang and Erwin Coumans and Atil Iscen and Yunfei Bai and Danijar Hafner and Steven Bohez and Vincent Vanhoucke. (2018) *Sim-to-Real: Learning Agile Locomotion For Quadruped Robots.* 1804.10332 arXiv
11. Péter Almási and Róbert Moni and Bálint Gyires-Tóth. (2020). *Robust Reinforcement Learning-based Autonomous Driving Agent for Simulation and Real World.* 2009.11212 arXiv
12. Duckietown. (2018). [online] Available at: `https://www.duckietown.org`
13. Tiedemann, T., Fuhrmann, J., Paulsen, S., Schnirpel, T., Schönherr, N., Buth, B., and Pareigis, S. (2019). *Miniature Autonomy as One Important Testing Means in the Development of Machine Learning Methods for Autonomous Driving: How ML-Based Autonomous Driving Could Be Realized on a 1:87 Scale.* Proceedings of the 16th International Conference on Informatics in Control, Automation and Robotics - Volume 2: ICINCO, pp. 483-488, SciTePress.
14. Schönherr, N. (2019). *Kamera-basierte Minimalautonomie.* Bachelor. Department Informatik, HAW Hamburg.
15. Pareigis S., Tiedemann T., Fuhrmann J., Paulsen S., Schnirpel T., Schönherr N. (2019). *Miniaturautonomie und Echtzeitsysteme.* In: Unger H. (eds) Echtzeit 2019. Informatik aktuell. Springer Vieweg, Wiesbaden.
16. Miniatur Wunderland (2019). [online] Available at: `https://www.miniatur-wunderland.de/` (18.07.2019).
17. Kasten, Markus (2020): *Miniature Autonomous Bus Prototypes.* figshare. Figure. `https://doi.org/10.6084/m9.figshare.11977677.v1`
18. Kasten, Markus (2020): *Rendering H0 ESP32 bus.* figshare. Media. `https://doi.org/10.6084/m9.figshare.13013273.v1`
19. Kasten, Markus (2020): *Rendering Zynq platform on H0 bus.* figshare. Media. `https://doi.org/10.6084/m9.figshare.13013288.v1`
20. Kasten, Markus (2020): *Renderings Zynq UltraScale+ platform.* figshare. Media. `https://doi.org/10.6084/m9.figshare.13013279.v1`
21. FALLER Car-System (2019). [online] Available at: `www.car-system-digital.de` (18.07.2019).

22. Schnirpel, T. (2019). *Lokalisierung eines Miniaturschiffs durch Distanzsensoren.* Masterprojekt, Department Informatik, HAW Hamburg.

23. Brian Bingham and Carlos Aguero and Michael McCarrin and Joseph Klamo and Joshua Malia and Kevin Allen and Tyler Lum and Marshall Rawson and Rumman Waqar (2019). *Toward Maritime Robotic Simulation in Gazebo.* Proceedings of MTS/IEEE OCEANS Conference, Seattle, WA

24. gym.openai. [online] Available at: `https://gym.openai.com`

25. Burau, H. (2020) *Evaluierung einer Simulationsumgebung zur Umsetzung und Entwicklung eines selbstlernenden Reglers für autonome Wasserfahrzeuge.* Bachelor. Department Informatik, HAW Hamburg.

26. Stark, F. (2020) *Monokulare visuelle Odometrie auf einem autonomen Miniaturschiff.* Bachelor. Department Informatik, HAW Hamburg.

27. Mnih, V., Kavukcuoglu, K., Silver, D., Graves, A., Antonoglou, I., Wierstra, D., Riedmiller, M. (2013). *Playing atari with deep reinforcement learning.* ArXiv:1312.5602.

Integration realer Angriffe in simulierte Echtzeit-Ethernet-Netzwerke

Sandra Reider, Philipp Meyer, Timo Häckel,
Franz Korf und Thomas C. Schmidt

Department Informatik,
Hochschule für angewandte Wissenschaften Hamburg, 20099 Hamburg
{sandra.reider|philipp.meyer|timo.haeckel|franz.korf|t.schmidt}
@haw-hamburg.de

Zusammenfassung. Ethernet wird zunehmend Bestandteil moderner Fahrzeugnetze und bildet die aussichtsreichste Technologie für künftige Hochgeschwindigkeits-Backbones im Auto. 'Connected Vehicles' öffnen gleichzeitig ihre internen Fahrzeugnetzwerke nach außen und ermöglichen so eine Vielzahl neuer Angriffe, für die neue Sicherheitskonzepte entwickelt werden müssen. Sicherheitskonzepte und -mechanismen vor ihrer Einführung in einer Simulationsumgebung zu testen, ist flexibel, schnell und kostengünstig. In dieser Arbeit stellen wir ein Konzept vor, mit dem realer Angriffsverkehr aufgezeichnet und in eine Simulationsumgebung eingespielt werden kann. Dieses evaluieren wir am Beispiel eines DoS-Angriffs und zeigen, dass die erwarteten Auswirkungen des abgespielten Angriffs in der Simulation wiedergegeben werden.

1 Einleitung

Aktuelle Fahrzeuge setzen Fahrfunktionen mit Sensoren, Aktoren und Steuergeräten um, die meist über bewährte Bussysteme (z. B. CAN, Flexray) kommunizieren. In zukünftigen Fahrzeugnetzwerken werden aufgrund der zunehmenden Anzahl an Steuergeräten und des erhöhten Bandbreitenbedarfs immer häufiger Ethernet-Technologien eingesetzt werden [1]. Die Kommunikation vieler Steuergeräte (z. B. Antiblockiersysteme) unterliegt dabei Echtzeitanforderungen, welche für die Funktionssicherheit des Autos garantiert werden müssen [2]. Neue Szenarien, wie die Verkehrsvernetzung (Car-to-X), die Einführung von Internet im Infotainmentbereich und die verstärkte Anbindung an Cloud- und IoT-Dienste, erfordern die Öffnung des Fahrzeugnetzwerks nach außen.

Angriffe auf Fahrzeuge erfolgen häufig über Schwachstellen in Steuergeräten. Der Zugang zu einem Steuergerät kann dabei über jede der Außenschnittstellen erfolgen (z. B. Mobilfunk, Bluetooth, Diagnoseport), nachdem ggfs. Gateways bzw. Autorisierungsbarrieren überwunden wurden [3]. Von einem Steuergerät aus kann versucht werden, manipulierte Nachrichten über das Netzwerk zu verschicken und andere Steuergeräte ebenfalls zu kompromittieren. Das Netzwerk

H. Unger (Hrsg.), *Echtzeit 2020*, Informatik aktuell,
https://doi.org/10.1007/978-3-658-32818-4_6

nimmt daher eine zentrale Rolle in der Erkennung und Unterbindung solcher Angriffe auf Fahrzeugkomponenten ein. Für zukünftige Fahrzeugnetzwerke ist es folglich von essentiellem Vorteil, wenn neue Sicherheitskonzepte gefunden und validiert werden können.

Ziel dieser Arbeit ist es, ein Konzept umzusetzen, mit dem reale Angriffe in eine Simulationsumgebung für Echtzeit-Ethernet-Netzwerke integriert werden können. Diese Methodik soll es ermöglichen, Sicherheitskonzepte anhand verschiedener realistischer Angriffsmuster zu replizieren und im Detail zu untersuchen. Wir stellen ein Konzept zur Wiedergabe realer Angriffsverkehrsdaten in einem simulierten Netzwerk vor. Am Beispiel eines Fahrzeugnetzwerks mit realem Datenverkehr zeigen wir, wie die Auswirkungen eines Angriffs in der Simulation untersucht werden können, und dass die Ergebnisse den erwarteten Folgen des Angriffs entsprechen.

Im Abschnitt 2 werden Grundlagen und verwandte Forschungsergebnisse vorgestellt. Abschnitt 3 stellt das Konzept und dessen Umsetzung vor. In Abschnitt 4 werden die Auswirkungen des Konzepts mithilfe eines Fallbeispiels untersucht und diskutiert. Abschließend folgen Zusammenfassung und Ausblick in Abschnitt 5.

2   Grundlagen und verwandte Arbeiten

Bei der Nutzung von Ethernet-Topologien in internen Netzwerken moderner Fahrzeuge muss sichergestellt werden, dass die Echtzeitanforderungen sicherheitskritischer Anwendungen erfüllt werden. Der vielversprechendste Kandidat, um diese in zukünftigen Bordnetzen umzusetzen, ist Time-Sensitive Networking (TSN) [4]. TSN ist eine Sammlung verschiedener IEEE Substandards, die Echtzeitanforderungen für Ethernet sicherstellen und unter anderem für den Einsatz in Fahrzeugnetzwerken entwickelt wurden. Es ermöglicht den Transport von unterschiedlichen Verkehrsklassen mit ihren speziellen Servicegarantien in derselben Infrastruktur. Diese konkurrierenden Verkehrsklassen sind nach Prioritäten geordnet, wobei 0 die niedrigste und 7 die höchste Priorität ist.

Checkoway et al. haben die Angriffsoberfläche moderner Autos untersucht und dargestellt, wie das interne Autonetzwerk über eine Vielzahl von Schnittstellen angreifbar ist [3]. Darunter fallen bspw. Bluetooth- und Mobilfunk-Schnittstellen, über die mit einem Laptop oder Smartphone Zugang zu den Telematik-Systemen des Fahrzeugs erlangt werden kann. Nach erfolgreicher Manipulation eines Steuergeräts über eine solche Schnittstelle, können von diesem über das interne Netzwerk weitere Steuergeräte angegriffen werden. Auf diese Weise können sicherheitskritische Funktionen manipuliert und somit nicht nur die Informations-, sondern auch die Funktionssicherheit des Fahrzeugs gefährdet werden.

Miller und Valasek haben gezeigt, dass es auch ohne physischen Zugang zu einem Fahrzeug möglich ist, dessen sicherheitskritische Funktionen zu manipulieren [5]. Sie haben sich über das Infotainment-System Zugang zu einem 2014 Jeep Cherokee und dessen CAN-Bus-System verschafft und damit die Kontrolle über diverse Fahrzeugfunktionen erhalten. Unter anderem haben sie das Sound-system und die Scheibenwischer, aber auch sicherheitskritische Steuergeräte der Lenkung und Bremsen kontrolliert. Um die Lenkung und Bremsen kontrollieren zu können, muss der Diagnosemodus aktiviert werden, was nur bei geringen Geschwindigkeiten möglich ist. Im Diagnosemodus können u. a. das Parkassistenz-und das Kollisionsvermeidungs-System ausgeschaltet werden. Die Lenkung und Bremsen können dann mit CAN-Nachrichten kontrolliert werden, mit denen diese Assistenzsysteme das Fahrzeug steuern. Aber auch bei hohen Geschwindigkeiten konnten sie bspw. den Motor ausstellen. Die Angriffe erfolgten dabei ohne physischen Zugang zum Fahrzeug. Dadurch wurde aufgezeigt, dass neue Sicherheitskonzepte entwickelt werden müssen, um vor Angriffen zu schützen, die die zunehmende Internetanbindung moderner Fahrzeuge ausnutzten.

Der Wechsel von CAN-Bus auf Ethernet als Kommunikationsmedium erfordert eine Neuplanung der Kommunikationsarchitektur. Dies ermöglicht es die Sicherheit des neuen Fahrzeugnetzwerks bereits im Design zu berücksichtigen und dadurch die Entwicklung und Einführung neuer Sicherheitskonzepte zu begünstigen. Mundhenk hat in seiner Dissertation verschiedene Konzepte vorgestellt, mit denen die Sicherheit von interner Fahrzeugnetzwerken sowohl beim Neudesign als auch bei existenten Netzwerkarchitekturen verbessert werden kann [6].

Wir haben in [7] gezeigt, dass das Verhalten von Fahrzeugnetzwerken in einer Simulation analysiert werden kann, und die ereignisbasierte Simulationsumgebung vorgestellt, mit der wir dies bereits erfolgreich umsetzen. Dies ist schneller, unkomplizierter und günstiger als ein reales Fahrzeug zu verwenden.

3   Integration realer Verkehrsmuster in der Simulation

Die Simulation kann auch verwendet werden, um die Auswirkungen von Angriffen auf ein simuliertes Fahrzeugnetzwerk zu untersuchen und dadurch Sicherheitskonzepte zu evaluieren. Sie muss dafür sowohl eine realitätsgetreue Modellierung des Autonetzwerks beinhalten als auch realistische Angriffsmuster umsetzen. In der Simulation ist es möglich, Angriffe zu erkennen, die in einem realen Netzwerk schwer sichtbar sind. Ein Lauschangriff kann bspw. erkannt werden, wenn bei einem Steuergerät Datenpakete aufgezeichnet werden, die nicht für dieses bestimmt sind. Insgesamt können in der Simulation Verlust, Injektion, Manipulation, Neuordnung, Umleitung und Änderung des Zeitverhaltens von Paketen gemessen werden. Die im simulierten Netzwerk gemessenen Auswirkungen des Angriffs können mit den erwarteten Folgen verglichen werden. Wird z. B. ein Denial-of-Service(DoS)-Angriff in das Netzwerk eingespielt, führt dies in der Regel zu Verlusten, vergrößerten Latenzen und Häufung von Paketen.

3.1   Simulationsumgebung

Als Simulationsumgebung dient dieselbe Kombination aus Frameworks, die bereits in [7] verwendet wurde. Sie ist in Abbildung 1 dargestellt und baut auf dem diskreten Ereignissimulator OMNeT++ [8] auf. Dieser wird mit dem Open-

Source-Framework INET [9] um Standardprotokolle (z. B. Ethernet, IP, TCP) erweitert. Zur Simulation fahrzeuginterner Netzwerke werden unsere Open-Source-Frameworks CoRE4INET, FiCo4OMNeT und SignalsAndGateways verwendet [10, 11]. CoRE4INET erweitert das INET-Framework um Protokolle für die Echtzeit-Ethernet-Kommunikation, wie beispielsweise TSN. FiCo4OMNeT baut direkt auf OMNeT++ auf und stellt CAN-Bussimulationsmodelle bereit. SignalsAndGateways bietet unter anderem Gateways, die CAN-Nachrichten in Ethernet-Frames verpacken und somit die Kommunikation von CAN-Steuergeräten über ein Ethernet-Backbone ermöglichen.

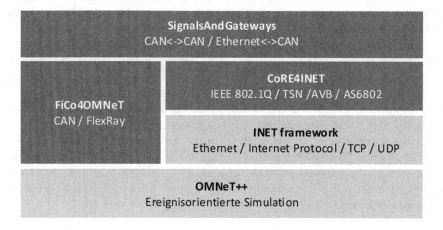

Abb. 1. Die verwendeten, aufeinander aufbauenden Frameworks.

3.2   Paketgenerator für aufgezeichneten Ethernet-Datenverkehr

Die Qualität der Simulationsergebnisse hängt direkt von den verwendeten Stimuli ab. Diese werden von Paketgeneratoren erzeugt und in das simulierte Netzwerk gesendet. Paketgeneratoren können bspw. in Form eines realen Steuergeräts an die Simulation angebunden sein oder anhand bestimmter Spezifikationen Datenpakete erzeugen. Das Einspielen von zuvor aufgezeichnetem Datenverkehr erhöht die Flexibilität der Simulation und die Reproduzierbarkeit der Ergebnisse. Aufgrund ihrer weiten Verbreitung werden für das Einspielen pcapng-Dateien verwendet. Dies ermöglicht einen universellen Einsatz der Angriffssimulation, sowie die Verwendung von Angriffsmustern aus externen Quellen.

Wir haben in CoRE4INET ein Modul zum sequentiellen Einlesen von pcapng-Dateien sowie einen Paketgenerator implementiert, der die eingelesenen Ethernet-Frames in die Simulation einspielt. Das Modul bietet dem Paketgenerator eine Schnittstelle, über die Ethernet-Frames und deren Sendezeiten abgefragt werden können. Die pcapng-Datei wird auf Anfrage des Paketgenerators blockweise eingelesen und kann unter anderem Section Header (SHB), Interface Description (IDB), Enhanced Packet (EPB) und Simple Packet (SPB) Blöcke enthalten.

Dem SHB wird entnommen, ob die folgenden Blöcke in der Byte-Reihenfolge des lesenden Systems aufgezeichnet wurden. Im IDB ist die Information enthalten, welche Auflösung die Zeitstempel in den EPBs haben. Ein EPB enthält einen aufgezeichneten Ethernet-Frame und dessen Sendezeit. Im SPB sind Ethernet-Frames ohne Zeitstempel enthalten, wodurch er für das realitätsgetreue Einspielen von Angriffsmustern ungeeignet ist. Alle weiteren Blöcke enthalten keine für die Simulation relevanten Daten und werden deshalb übersprungen. Der Zeitstempel des ersten eingelesenen EPBs wird als Initialzeit gespeichert. Die Differenz zu dieser ergibt die Simulationszeit der nachfolgenden Frames. Wenn die Sendezeit abgefragt wird, wird ein neuer EPB eingelesen und der enthaltene Ethernet-Frame in einer Liste gespeichert. Dadurch kann der Paketgenerator immer genau eine Zeit und den zugehörigen Frame oder mehrere Zeiten am Stück und anschließend alle zugehörigen Frames abfragen.

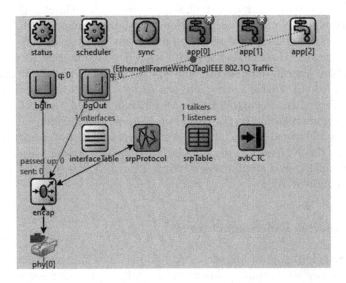

Abb. 2. Darstellung eines TSN Steuergeräts in der Simulation.

Bei der Konfiguration des Paketgenerators kann optional eine Startzeit festgelegt werden, zu der der erste Ethernet-Frame eingelesen wird. Alle weiteren Frames werden zu den Zeiten gesendet, die von der pcapng-Schnittstelle erhalten werden. Sobald der entsprechende Simulationszeitpunkt erreicht wird, wird der entsprechende Frame von der pcapng-Schnittstelle geholt. Die Headerfelder des Frames, wie bspw. die Zieladresse, werden von dem Paketgenerator überschrieben. Dafür kann bei der Konfiguration festgelegt werden, an welche Adresse des simulierten Netzwerkes die Frames gesendet werden sollen. Wenn bei der Konfiguration eine Priorität für die eingelesenen Frames gesetzt wurde, wird zusätzlich ein VLAN-Tag und die Priorität hinzugefügt. Anschließend wird der Frame an den Ausgangspuffer des Steuergeräts weitergeleitet.

Der Paketgenerator kann als eigenständiges Steuergerät ins Netzwerk einge-bunden oder in ein bestehendes Steuergerät integriert werden. Wenn in beste-henden Steuergeräten bereits von anderen Anwendungen Datenverkehr erzeugt wird, kann er diese entweder ersetzen oder zusätzlich zu ihnen agieren. In Abbil-dung 2 ist beispielhaft ein Steuergerät während der Simulation zu sehen, in das der Paketgenerator integriert wurde. Die bisherigen Anwendungen app[0] und app[1] des Steuergeräts wurden deaktiviert und stattdessen sendet der Paketge-nerator app[2] den aufgezeichneten Datenverkehr an den Ausgangspuffer. Von dort werden sie abhängig von ihrer Priorität an den Puffer des physischen Ports weitergeleitet, von dem sie in das Netzwerk gesendet werden.

4   Fallbeispiel eines DoS-Angriffs im Fahrzeugbordnetz

Wir führen an einem simulierten Fahrzeugnetzwerk zwei Durchläufe unter glei-chen Bedingungen (Netzwerkkonfiguration, Simulationsdauer) durch. Dabei wird der Datenverkehr eines Ethernet-Steuergeräts aus zwei zuvor aufgezeichneten Dateien eingespielt. Im ersten Durchlauf wird der Datenverkehr des normalen Betriebs ohne Angriffe eingespielt, um eine Referenz zu erhalten. Im zweiten Durchlauf wird ein Angriff eingespielt, um dessen Auswirkungen auf das Netz-werk zu untersuchen. Während beider Durchläufe werden Statistiken über die Netzwerk-Kommunikation (z. B. Anzahl und Latenz von Paketen) aufgezeichnet und diese anschließend verglichen. So werden verschiedene Auswirkungen von Angriffen auf das Netzwerk in der Simulation gemessen. An der Veränderung der Anzahl gesendeter und empfangener Pakete kann beispielsweise Paketverlust/-injektion erkannt werden.

4.1   Simuliertes Fahrzeugnetzwerk

Als Grundlage für die realitätsgetreue Abbildung eines Fahrzeugnetzwerks dient dessen Kommunikationsmatrix. Diese enthält alle verbauten Steuergeräte sowie die zwischen ihnen ausgetauschten Nachrichten. Die Spezifikation kann durch verschiedene Netzwerkarchitekturen abgebildet werden. In aktuellen Fahrzeugen wird eine domänenbasierte Architektur verwendet. Die Steuergeräte sind dabei nach ihrer Funktionalität in Domänen gruppiert (z. B. Fahrwerk, Infotainment). Innerhalb einer Domäne sind die Steuergeräte über CAN-Busse verbunden. Ein zentrales Gateway wickelt die domänenübergreifende Kommunikation ab.

Basierend auf der Kommunikationsmatrix haben wir das Fahrzeugnetzwerk eines Mittelklassenfahrzeugs von einer Domänenarchitektur in eine moderne Ethernet-Zonenarchitektur [13] überführt. Diese teilt die Steuergeräte anhand ihrer physischen Position im Fahrzeug in Gruppen ein. Die Gruppen bilden Zo-nen (z. B. vorne links), die durch ein Ethernet-Backbone verbunden sind. Inner-halb der Zonen sind die Steuergeräte weiterhin an domänenspezifischen CAN-Bussen angeschlossen. Das resultierende Netzwerk ist in Abbildung 3 zu sehen und wurde von uns bereits in einer vorangegangenen Arbeit verwendet [14].

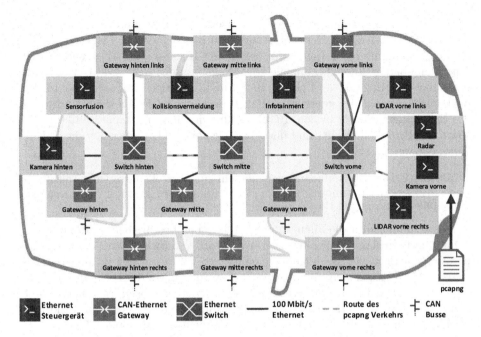

Abb. 3. Die Topologie des verwendeten Fahrzeugnetzwerks.

Das Ethernet-Backbone verfügt über 100 Mbit/s Links und verbindet die Steuergeräte mit drei Switches, die sich vorne, mittig und hinten im Fahrzeug befinden. An jedem Switch sind wiederum drei Gateways angeschlossen, die die Steuergeräte des linken, mittleren und rechten Bereichs im Auto verbinden. Dadurch entstehen insgesamt neun Zonen im Fahrzeugnetzwerk. Hinter jedem der neun Gateways befinden sich domänenbasierte CAN-Busse, an denen die CAN-Steuergeräte angeschlossen sind. Diese sind in der Abbildung nicht explizit dargestellt. Zwischen den einzelnen Gateways werden insgesamt 208 CAN-Nachrichten mit verschiedenen Prioritäten über das Ethernet-Backbone ausgetauscht. Zusätzlich zu den Gateways haben wir eine Auswahl an Steuergeräten direkt an das Backbone angebunden. Dazu gehören insbesondere ein Radar, das über Zeitschlitzverfahren Nachrichten an die Kollisionsvermeidung sendet, und je zwei Kameras und Laserscanner (LIDAR), die ihre Rohdaten mittels Netzwerkströmen, für die Bandbreite reserviert ist, an die Sensorfusion im hinteren Teil des Autos versenden.

4.2   Aufzeichnung der Angriffsmuster und Netzwerkkonfiguration

In die Simulation werden Aufzeichnungen von realen Angriffen eingespielt, um möglichst realitätsnahe Angriffsmuster zu erhalten. Diese erzeugen wir im Ethernet-Netzwerk eines Prototypfahrzeugs unter Verwendung von etablierten Werkzeugen für Penetrationstests, indem wir am Interface eines Kamerasteuergerätes den ausgehenden Datenverkehr aufzeichnen. Es wurden zwei pcapng-Dateien erzeugt, von denen eine den regulären Datenverkehr enthält und die zweite einen generierten DoS-Angriff. Der DoS-Angriff wurde über den in Listing 1 dargestellten Kommandozeilen-Befehl mit dem Paket-Injektor *T50* [12] generiert und sendet einhunderttausend minimale UDP-Pakete in das Netzwerk. Der Injektor hat dabei im Mittel 67834 Pakete pro Sekunde generiert. Die –threshold option legt die Anzahl der generierten Pakete fest, darauf folgen die IP-Adressen des Empfängers (Sensor Fusion, 10.0.11.6) und des Senders (Kamera, 10.0.11.5), sowie das Protokoll (UDP) und der Ausgangsport (1112), über den die Pakete versendet werden sollen.

Listing 1. Der t50-Kommandozeilenbefehl zum Erstellen des DoS-Angriffs.

```
t50 --threshold 100000 10.0.11.6 --saddr 10.0.11.5 --protocol
    UDP --dport 1112
```

Als Grundlage für die Simulation wird das oben beschriebene Autonetzwerk konfiguriert. In das Kamerasteuergerät am vorderen Switch wird der Paketgenerator integriert, der die aufgezeichneten Nachrichten aus den pcapng-Dateien in das Netzwerk einspielt. Die Nachrichten werden mit Priorität 6 an das Sensorfusionssteuergerät am hinteren Switch gesendet und beeinträchtigen damit den gesamten Datenverkehr mit gleicher oder niedrigerer Priorität im Ethernet-Backbone. Die Simulationszeit entspricht bei beiden Durchläufen 500 ms. Die Konfiguration des restlichen Netzwerks ist für beide Durchläufe identisch.

4.3   Ergebnisse

Durch den DoS-Angriff werden innerhalb der 500 ms Simulationsdauer durchschnittlich 33917 zusätzliche UDP-Nachrichten ohne Payload von der Kamera am vorderen Switch zu der Sensorfusion am hinteren Switch gesendet. Die Gesamtanzahl der gesendeten Pakete zwischen der Kamera und dem vorderen Switch, sowie dem hinteren Switch und der Sensorfusion ist in Abbildung 4(b) graphisch dargestellt und zeigt den erwarteten Anstieg an Datenpaketen. Von der Kamera werden innerhalb der 500 ms regulär 40 Pakete gesendet, mit dem DoS-Angriff 33814. Dadurch steigt die Auslastung des Links zwischen der Kamera und dem vorderen Switch von 0.88% auf 39.66% an. Die Sensorfusion erhält im normalen Betrieb 539 Datenpakete, davon 40 mit Priorität 6. Während des DoS-Angriffs erhöht sich die Anzahl auf 34304, wovon 33805 mit Priorität 6 gesendet wurden. Die Auslastung des Links zwischen hinterem Switch und Sensorfusion erhöht sich dadurch von 13.09% auf 51.87%.

Wir erwarten, dass die Ende-zu-Ende Latenzen aller Nachrichten, die mit gleicher oder niedrigerer Priorität auf denselben Pfaden (in Abb. 3 gestrichelt) gesendet werden, zunimmt. In Abbildung 4(a) sind die Anstiege der mittleren und maximalen Ende-zu-Ende Latenzen der Nachrichten dargestellt, die jeweils mit Priorität 5 vom linken LIDAR und von der hinteren Kamera an die Sensorfusion gesendet werden. Der LIDAR und die Kamera, von der der Angriff ausgeht, sind beide am vorderen Switch angebunden. Dadurch konkurrieren die Nachrichten an drei Links. Es ist erkennbar, dass dies die Latenzen erhöht. Der Datenverkehr der hinteren Kamera wird über den hinteren Switch direkt an die

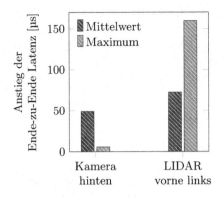 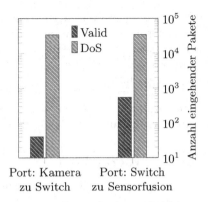

(a) Zwei Beispiele für die Erhöhung der mittleren und maximalen Ende-zu-Ende Latenzen durch den DoS-Angriff.

(b) Log. Darstellung der Menge eingehender Pakete, von der vorderen Kamera zur Sensorfusion an zwei Ports.

Abb. 4. Auswirkungen des DoS-Angriffs im simulierten Netzwerk.

Sensorfusion gesendet und konkurriert entsprechend nur an einem Link mit den Datenpaketen des DoS-Angriffs. Auch bei diesem ist eine leichte Erhöhung der Latenzen erkennbar.

Insgesamt ist erkennbar, dass der DoS-Angriff in der Simulation die zu erwartenden Auswirkungen bzgl. einer verstärkten Auslastung der Links und einer Vergrößerung der Ende-zu-Ende Latenzen zeigt. Durch den aufgezeichneten DoS-Angriff wird die Bandbreite nicht so stark genutzt, dass es zu Paketverlusten kommt. Da die Auswirkungen eines eingespielten Angriffs in der Simulation sichtbar sind, ist es möglich mit einem aufgezeichneten Angriffsmuster die Sensibilität verschiedener Echtzeit-Ethernet-Netzwerke auf diesen Angriff zu vergleichen und die Wirksamkeit neuer Sicherheitskonzepte zu testen.

5   Zusammenfassung und Ausblick

Die Integration realer Angriffs-Stimuli in eine Netzwerksimulation ermöglicht es, das Schadenspotenzial von Angriffen zu bestimmen und daraus Einsichten über Architektur und Design künftiger Netzwerke im Auto abzuleiten sowie die Wirksamkeit vorgesehener Sicherheitsmechanismen zu testen.

An einem realitätsnahen Beispiel basierend auf realen Fahrzeugdaten konnten wir demonstrieren, wie das vorgestellte Konzept realen Verkehr als Stimulus in eine Echtzeit-Ethernet-Simulation integriert. Wir haben erfolgreich den zuvor aufgezeichneten Angriffsverlauf eines DoS-Angriffs in unser Fahrzeugnetzwerk eingespielt und die erwarteten Veränderungen in der Anzahl gesendeter Datenpakete, der Linkauslastung und der Ende-zu-Ende Latenz identifiziert.

Zukünftig wollen wir den Funktionsumfang des Paketgenerators erweitern, um zusätzlich zu pcapng-Dateien auch pcap-Dateien einlesen und Daten ggfs.

auch periodisch abspielen zu können. Die Möglichkeiten der Angriffsverkehrseinspielung in Netzwerksimulationen wollen wir insbesondere nutzen, um neue Techniken der Anomalieerkennung auf ihre Wirksamkeit zu untersuchen. Hierbei stehen zeit- und flussbasierte Erkennungsmechanismen [15] zuvorderst auf unserer Agenda.

Danksagung Diese Arbeit wurde im Rahmen des SecVI-Projektes vom Bundesministerium für Bildung und Forschung gefördert.

Literaturverzeichnis

1. S. Brunner, J. Roder, M. Kucera, T. Waas: Automotive E/E-Architecture Enhancements by Usage of Ethernet TSN, 2017 13th Workshop on Intelligent Solutions in Embedded Systems (WISES), IEEE Press, Jun. 2017, S. 9-13.
2. T. Steinbach, H. Lim, F. Korf, T. C. Schmidt, D. Herrscher, A. Wolisz: Beware of the Hidden! How Cross-traffic Affects Quality Assurances of Competing Real-time Ethernet Standards for In-Car Communication, 2015 IEEE Conference on Local Computer Networks (LCN), IEEE Press, Okt. 2015, S. 1-9.
3. S. Checkoway, D. Mccoy, B. Kantor, D. Anderson, H. Shacham, S. Savage, K. Koscher, A. Czeskis, F. Roesner, T. Kohno: Comprehensive Experimental Analyses of Automotive Attack Surfaces, Proceedings of the 20th USENIX Security Symposium, vol. 4, USENIX Association, Aug. 2011, S. 77-92.
4. IEEE 802.1 Working Group: IEEE Standard for Local and Metropolitan Area Network-Bridges and Bridged Networks, IEEE, Standard Std 802.1Q-2018 (Revision of IEEE Std 802.1Q-2014), Jul. 2018.
5. C. Miller, C. Valasek: Remote Exploitation of an Unaltered Passenger Vehicle, Black Hat USA, vol. 2015, Aug. 2015, S. 91.
6. P. Mundhenk: Security for Automotive Electrical/Electronic (E/E) Architectures, Cuvillier, Aug. 2017.
7. P. Meyer, F. Korf, T. Steinbach, T. C. Schmidt: Simulation of Mixed Critical Invehicular Networks, Recent Advances in Network Simulation, Springer, Mai 2019, S. 317-345.
8. OMNeT++-IDE, `https://omnetpp.org` (abgerufen am 24.09.2020)
9. INET-Framework, `https://inet.omnetpp.org` (abgerufen am 24.09.2020)
10. CoRE-Simulationsumgebungen, `https://sim.core-rg.de` (abgerufen am 24.09.2020)
11. T. Steinbach, H. D. Kenfack, F. Korf, T. C. Schmidt: An Extension of the OMNeT++ INET Framework for Simulating Real-time Ethernet with High Accuracy, SIMUTools 2011 – 4th International OMNeT++ Workshop, März 2011, S. 375-382.
12. Kali Tools: T50, `https://tools.kali.org/stress-testing/t50` (abgerufen am 24.09.2020)
13. T. Steinbach: Ethernet-basierte Fahrzeugnetzwerkarchitekturen für zukünftige Echtzeitsysteme im Automobil, Springer Vieweg, Okt. 2018.
14. M. Cakir, T. Häckel, S. Reider, P. Meyer, F. Korf, T. C. Schmidt: A QoS Aware Approach to Service-Oriented Communication in Future AutomotiveNetworks, 2019 IEEE Vehicular Networking Conference (VNC) (IEEE VNC2019), IEEE Press, Dez. 2019.
15. P. Meyer, T. Häckel, F. Korf, T. C. Schmidt: Network Anomaly Detection in Cars based on Time-Sensitive Ingress Control, Proc. of the IEEE 21th Vehicular Technology Conference: VTC2020-Fall, IEEE Press, Okt. 2020.

Sichere Mobilfunkkommunikation für ein Fahrzeugleitsystem

Christoph Maget

FernUniversität in Hagen, 58097 Hagen
christoph.maget@studium.fernuni-hagen.de

Zusammenfassung. Kommunikationsfähige Fahrzeugleitsysteme werden als Schlüsseltechnik zur Steigerung der Kapazität und der Sicherheit von Transportsystemen erachtet. Die beiden wichtigsten topologischen Ansätze zur Vernetzung von Komponenten im entstehenden Internet der Dinge sind Ad-hoc- und Infrastrukturnetze, die in verschiedenen Anwendungen spezifische Vor- und Nachteile aufweisen. Etablierte Verschlüsselungsmethoden haben sich entweder als unsicher erwiesen oder es fehlen Echtzeitfunktionen, wenn sie in verteilten Automatisierungssystemen des IoT verwendet werden. Das einzig nachweislich sichere Konzept der perfekt sicheren Verschlüsselung wurde aufgrund praktischer Hürden bisher nicht umfassend eingesetzt. In Übereinstimmung mit bestehenden Standards wird eine Kommunikationsarchitektur für Fahrzeugleitsysteme vorgestellt, die eine perfekt sichere Verschlüsselung ermöglicht und Echtzeitanforderungen für die drahtlose Kommunikation erfüllt. Die Kernkomponenten sind eine zentrale Instanz, die alle Teilnehmer authentifiziert und die erforderlichen Schlüssel verteilt sowie eine auf Relaisstationen basierende Übertragungsinfrastruktur. Anhand verschiedener Szenarien wird gezeigt, dass die für eine ausreichend lange Betriebsdauer eines Fahrzeugs erforderlichen Schlüssel auf Speichermedien mit gängigen Kapazitäten bevorratet werden können. Sensitivitätsanalysen zeigen, dass die Verschlüsselung mit dem One-Time-Pad im vorliegenden Anwendungsfall Vorteile gegenüber dem AES aufweist und diesen bei der Verarbeitungsdauer sogar übertreffen kann.

1 Einleitung

Ausgestattet mit geeigneten Sensoren und Aktoren können Automatisierungssysteme die Reaktionszeiten in technischen Systemen erheblich verkürzen. Das Fahrverhalten von Fahrzeugen ist somit nicht mehr durch die menschliche Reaktionsfähigkeit eingeschränkt. Folglich können höhere Geschwindigkeiten und kürzere Fahrzeugabstände realisiert werden, was die Kapazität bestehender Straßen erhöht. Die Entwicklung eines solchen Fahrzeugleitsystems und seine Integration in bestehende Infrastrukturen als „intelligentes Verkehrssystem (IVS)" erfordert zahlreiche Entwurfsentscheidungen.

In Bezug auf die Netztopologie konkurrieren zwei Konzepte: Ad-hoc-Netze nach dem IEEE 802.11p-Standard und Infrastrukturnetze („Cellular Vehicle to

H. Unger (Hrsg.), *Echtzeit 2020*, Informatik aktuell,
https://doi.org/10.1007/978-3-658-32818-4_7

Everything (C-V2X)"). Beide Konzepte haben Vor- und Nachteile und unterliegen kommerziellen und rechtlichen Einschränkungen [1, 2].

Auch in Bezug auf die informations- und kommunikationstechnische Sicherheit (IKT-Sicherheit) konkurrieren zwei Konzepte: Symmetrische und asymmetrische Kryptographie. Die asymmetrische Kryptographie kann gebrochen werden, da private Schlüssel bei ausreichender Rechenleistung aus öffentlichen Schlüsseln berechnet werden können. Auch symmetrische Verschlüsselungsverfahren sind angreifbar und brechbar, jedoch beinhalten sie das Konzept der perfekt sicheren Verschlüsselung, welches nachweislich unbrechbar ist [3].

Fahrzeugleitsysteme werden in Industrie und Wissenschaft intensiv erforscht, jedoch konnte trotz vielversprechender Ansätze bisher keine Vereinheitlichung der sehr heterogenen Herstellerlandschaft erreicht werden [4]. Durch eine strukturierte Analyse bestehender Normen und Richtlinien präsentieren wir einen standardbasierten Ansatz für ein Fahrzeugleitsystem. Die zugrundeliegende Kommunikationsarchitektur, SIKAF genannt, erfordert zahlreiche Entwurfsentscheidungen, die im Folgenden dargestellt werden.

2   Entwurfsentscheidungen

Wesentliche Entwurfsentscheidungen bei der Entwicklung eines Fahrzeugleitsystems betreffen Netztechnik und Topologie, Informationssicherheit sowie den organisatorischen Aufbau. Die Entwurfsentscheidungen werden für das vorliegende Fahrzeugleitsystem wie folgt aus gültigen Standards abgeleitet und auf den vorliegenden Anwendungsfall übertragen.

2.1   Topologie

Die Netztopologie in einem Fahrzeugleitsystem muss die Datenübertragung zwischen Fahrzeugen über einen zentralen Zugangspunkt abwickeln. Die Netzadressen der einzelnen Fahrzeuge müssen von einer zentralen Instanz erzeugt, verteilt und verwaltet werden. Diese Anforderungen ergeben sich zunächst aus den folgenden Standards:

ETSI TR 102 962 *Intelligent Transport Systems (ITS); Framework for Public Mobile Networks in Cooperative ITS (C-ITS)* beschreibt, dass IVS-Anwendungen in bestehende zellenbasierte Kommunikationsnetze integrierbar sein müssen. Ein Fahrzeugleitsystem muss daher selbst eine zellenbasierte Topologie bilden oder existierende zellenbasierte Kommunikationsnetze nutzen können. Zellenbasierte Kommunikationsnetze sind durch einen zentralen Zugangspunkt gekennzeichnet.

DIN EN ISO 24534-3:2016-08 *Intelligente Verkehrssysteme – Automatische Identifizierung von Fahrzeugen und Ausrüstungen – Elektronische Identifizierung für die Registrierung (ERI) von Fahrzeugen* fordert die Festlegung einheitlicher digitaler Identifikationsmerkmale für Fahrzeuge einschließlich einer elektronischen Registrierung. Insbesondere der darin erwähnte Anwendungsfall elektronischer Mauterhebung erfordert eine zentrale Verwaltung zur Abrechnung der beanspruchten Leistungen und Dienste. Der doppelten Vergabe von Identifikatoren wird durch eine zentrale Verwaltung der individuellen Identifikationsmerkmale eines Fahrzeugs entgegengewirkt.

Auch praktische Abwägungen lassen für Fahrzeugnetze nur den Infrastrukturmodus zu. So ist nur der Infrastrukturmodus in der Lage, stets zuverlässige Verbindungen zwischen Sender und Empfänger zu gewährleisten. Netze im Ad-hoc-Modus können sich zwar einerseits dynamisch strukturieren und Ausfälle einzelner Routen kompensieren. Jedoch hängt die Verfügbarkeit von Verbindungen von den Positionen der Fahrzeuge ab, die als Zwischenstationen fungieren. Die logische Länge der Übertragungsstrecke kann bei Ad-hoc-Netzen daher nicht vorgesehen werden, da jede Zwischenstation das Weiterleiten der Nachricht bewusst oder fahrlässig verzögern kann.

2.2 Kryptologie

In einem Fahrzeugleitsystem können alle drahtlosen Übertragungen abgehört, gesendet und damit verändert werden. Angesichts langer Lebensdauern und der Tatsache, dass sich in der Vergangenheit Verschlüsselungskonzepte des DES [5], GSM [6] und WLAN [7] als unsicher herausgestellt haben, kommen für die IKT-Sicherheit nur absolut sichere Verfahren in Frage, die allen aktuellen und künftigen Angriffsvektoren widerstehen können.

DIN EN ISO/IEC 27000:2020-06 *Informationstechnik – Sicherheitsverfahren – Informationssicherheitsmanagementsysteme* stellt die zentrale Normenreihe für informations- und kommunikationstechnische Sicherheit dar. Die Reihe fordert Steuerung, Kontrolle, Aufrechterhaltung und Verbesserung eines Managementsystems für Informationssicherheit (Information Security Management System (ISMS)) zur Gewährleistung und Verbesserung der IKT-Sicherheit eines Produkts in allen Phasen der Wertschöpfung. All diese Aspekte sind daher in angepasster Form auch in einem Fahrzeugleitsystem vorzusehen.

VDI/VDE 2182 Blatt 1:2020-01 *Informationssicherheit in der industriellen Automatisierung – Allgemeines Vorgehensmodell* überträgt die Anforderungen aus der ISO 27000 auf automatisierte Maschinen und Anlagen und betont die Abstimmung zwischen Hersteller und Nutzer. Dies unterstreicht die enge Verflechtung von Mensch und Automatisierungssystem in einem Fahrzeugleitsystem.

Diese Anforderungen an die Kommunikationssicherheit erlauben in einem Fahrzeugleitsystem nur den Einsatz perfekt sicherer Verschlüsselung [3], die der Kategorie symmetrischer Verfahren zuzuordnen ist. Symmetrische Verfahren sind zudem zeitlich vorhersehbar, was eine Grundvoraussetzung für echtzeitfähige Kommunikation ist.

Da bei der perfekt sicheren Verschlüsselung jedes Zeichen des Klartextes mit genau einem Zeichen des Schlüssels verknüpft wird, wird dieser Vorgang auch „Maskierung" genannt. Anstatt von einem Schlüssel spricht man entsprechend von einer „Maske".

2.3 Organisation

Das Fahrzeugleitsystem muss über einen zentralen, vertrauenswürdigen Zugangspunkt als Vermittlungsstelle zwischen den Kommunikationsteilnehmern und zur
Erzeugung und Verteilung notwendiger Masken verfügen.

DIN CEN/TS 17182:2019-03 *Intelligente Verkehrssysteme – eSicherheit –*
eCall über eine ITS-Station sieht als technische Regel ein Notrufsystem
(„eCall" genannt) vor, welches beim Unfall automatisch einen Notruf mit
Angabe der Koordinaten der beteiligten Fahrzeuge an eine Zentrale übermittelt. Derartige Anforderungen können auch mit einem Fahrzeugleitsystem nur durch einen zentralen Zugangspunkt erfüllt werden.

DIN EN ISO 18750:2018-09 *Intelligente Verkehrssysteme – Kooperative ITS*
– Lokale dynamische Karten beschreibt als Norm die einheitliche Datennut-
zung durch alle Teilsysteme intelligenter Verkehrssysteme. Dies betrifft hier
insbesondere digitale Karten. Auch digitale Karten, die für lokale und isolierte Anwendungen erstellt werden, sollen nach einer Prüfung allen Teilnehmern
eines IVS zentral zur Verfügung gestellt werden.

Auch bei der Organisation sprechen praktische Überlegungen wie die Vermei-
dung von Adresskonflikten für eine zentrale, hierarchische Organisation. Es ist
daher auch sicher kein Zufall, dass verbreitete Kommunikationsnetze wie das
Internet, das GSM-Mobilfunknetz oder das SWIFTnet als zentral ausgerichte-
te Netze strukturiert sind. Der zentrale Zugangspunkt wird in der vorliegenden
Umsetzung auch „Relais" genannt.

3 Umsetzung

Die Umsetzung der aus den Standards abgeleiteten Entwurfsentscheidungen in
einem Fahrzeugleitsystem zur Nachrichtenübertragung zwischen zwei Fahrzeugen w_1 und w_2 mittels eines Relais R ist in Abb. 1 dargestellt. Benötigte Masken
werden zunächst durch eine vertrauenswürdige, hoheitliche Behörde mit einem
echten Zufallsprozess erzeugt und mit einem Maskenanzeiger indiziert. Die Masken müssen zusammen mit den Identifikatoren über einen sicheren Kanal zu den
Fahrzeugen und zum Relais übertragen werden. Die Herstellung dieses sicheren
Kanals, in der Abbildung als Maskenmanagement bezeichnet, kann in einfacher
Weise mit einer der folgenden Optionen realisiert werden:

- Maskenübertragung während der Fahrzeugproduktion
- Maskenübertragung während der Fahrzeugwartung
- Maskenübertragung während der Kraftstoffzufuhr
- Maskenübertragung bei Übergabe des Fahrzeugschlüssels, insbesondere bei
  einem Mietwagen
- Maskenübertragung während einer Erneuerung des Kennzeichens

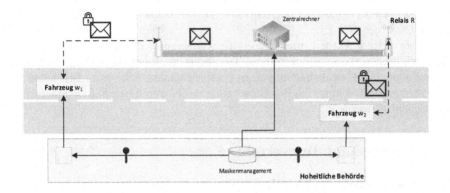

Abb. 1. Aufbau Fahrzeugleitsystem mit SIKAF

Wie noch gezeigt wird, ist ein Nachschub jedoch nur in Ausnahmefällen notwendig, da Masken für typische Lebensdauern von Kraftfahrzeugen bevorratet werden können.

Für den Nachrichtenaustausch zwischen Fahrzeugen wird die Nachricht zunächst im Fahrzeug maskiert und zusammen mit dem Maskenanzeiger an das Relais übertragen. Dort wird die Nachricht demaskiert und mit einer Maske aus dem Vorrat des Empfängers maskiert. Die maskierte Nachricht wird dann zusammen mit dem Maskenanzeiger an den Empfänger übertragen, der zur sinnhaften Demaskierung befähigt ist.

4   Funktionale und IKT-Sicherheit

Für das Fahrzeugleitsystem wurden auf Grundlage einer Gefahren- und Risikoanalyse mehrere Sicherheitsziele identifiziert [8]:

1. Vermeide Inkompatibilitäten bei der Nachrichtenverarbeitung
2. Vermeide falsches oder verzögertes Übermitteln von Nachrichten
3. Vermeide falsches oder verzögertes Einstellen einer geänderten Streckenführung
4. Vermeide falsches oder verzögertes Einstellen von Geschwindigkeiten oder Richtungen
5. Vermeide eine Fehldetektion nicht vernetzter Objekte
6. Vermeide falsches oder verzögertes Messen von Fahrzeugabständen

Alle Sicherheitsziele unterstreichen die Entwicklungsentscheidungen zugunsten einer zentral ausgerichteten Kommunikationsarchitektur mit symmetrischer, perfekt sicherer Verschlüsselung. Verletzungen der Sicherheitsziele 1–3 können damit vermieden werden, da ein zentrales Relais Inhalt und Integrität der Nachrichten überprüfen und die Verschlüsselung allen aktuellen und zukünftigen Angriffen standhalten kann. Bei korrekter organisatorischer Umsetzung werden so auch die Schutzziele der Informationssicherheit Vertraulichkeit, Verfügbarkeit und Integrität sichergestellt.

Sensorik und Aktorik und damit die Umsetzung der Steuermeldungen in Fahrverhalten verbleiben durch diese Trennung im Hoheitsbereich der Automobilhersteller. Die Gewährleistung eines entsprechenden ASIL zum Erreichen der Sicherheitsziele 4–6 muss bei der Umsetzung daher durch den Fahrzeughersteller berücksichtigt werden.

5   Analyse- und Testverfahren

5.1   Nachrichten- und Maskengröße

Die vermeintlich erhebliche Maskengröße wird als ein mögliches Hindernis beim Einsatz perfekt sicherer Verschlüsselung angesehen. Bislang existiert keine Referenzimplementierung, die mit dem vorgestellten Fahrzeugleitsystem vergleichbar ist. Durch eine Beispielbetrachtung mit konkreten Werten für die einzelnen Parameter wird der tatsächliche Bedarf an Masken und die damit verbundene Datenmenge im vorliegenden Anwendungsfall abgeschätzt. Folgende Faktoren haben einen Einfluss auf die benötigte Maskengröße G_K in einem Fahrzeug w:

− Datenmenge $D = D(t)$ der Nachricht
− Sendefrequenz $f_{send} = f_{send}(t)$ der Nachrichten
− Empfangsfrequenz $f_{empf} = f_{empf}(t)$ der Nachrichten
− Aktivitätsdauer t_A der Übertragung

Setzt sich die Aktivitätsdauer t_A aus Teilaktivitätsdauern t'_A zusammen, gilt

$$t_A = \sum t'_A \tag{1}$$

Bei Datenmenge D, Sendefrequenz f_{send} und Empfangsfrequenz f_{empf} muss eine zusätzliche Unterscheidung in fahrzeugbezogene und streckenbezogene Nachrichten vorgenommen werden, was durch die Indizes w und s angezeigt wird. Diese Unterteilung ist aus den Konzepten der CAM [9], der DENM [10] und des TMC [11] bereits bekannt, konnte bislang jedoch nicht in einer Gesamtarchitektur vereinheitlicht werden. Die benötigte Maskengröße G_K kann dann aus diesen Eingangsgrößen mit der folgenden Formel berechnet werden:

$$\sum_{t'_A} \int_{t'_A} \left[\left(f_{send_s}(t) + f_{empf_s}(t) \right) \cdot D_s(t) + \left(f_{send_w}(t) + f_{empf_w}(t) \right) \cdot D_w(t) \right] dt \tag{2}$$

Abhängig vom Resultat können kürzere (Teil-)Aktivitätsdauern oder zusätzliche Wartungsintervalle für den Maskennachschub vorgesehen werden.

Die Zusammensetzung der Nachrichten und die für die einzelnen Nachrichteninhalte veranschlagten Datenmengen sind in den folgenden Tabellen zusammengestellt.

Tabelle 1. Nachrichteninhalte streckenbezogen

626 Bit	Nachrichteninhalte streckenbezogen
119 Bit	Nachrichtenspezifikationen
172 Bit	Verortung
5 Bit	Fahrbahnoberfläche
9 Bit	Sichtweite
11 Bit	Geschwindigkeitsbegrenzung
6 Bit	Hindernis
34 Bit	Alternativstrecke
18 Bit	Parkplätze
142 Bit	Freitext
10 Bit	Inhaltsverifizierung
20 Bit	Prüfsumme
80 Bit	Maskenanzeiger

Streckenbezogene Nachrichten (Tab. 1) versorgen passierende Fahrzeuge mit Detailinformationen über den aktuellen Straßenzustand. Fahrzeugbezogene Nachrichten (Tab. 2) übertragen Informationen über den aktuellen Zustand einzelner Kraftfahrzeuge, was anderen Fahrzeugen das Antizipieren des Verkehrszustands und damit die Optimierung des eigenen Fahrverhaltens ermöglicht. Da keine Interpretation der Nachrichteninhalte übertragen wird, decken fahrzeugbezogene Nachrichten weniger Einzelinhalte ab als streckenbezogene Nachrichten.

Tabelle 2. Nachrichteninhalte fahrzeugbezogen

637 Bit	Nachrichteninhalt fahrzeugbezogen
152 Bit	Nachrichtenspezifikationen
7 Bit	Attribute
224 Bit	Trajektorie
12 Bit	Kraftstoff
142 Bit	Freitext
20 Bit	Prüfsumme
80 Bit	Maskenanzeiger

Mit diesen Annahmen zu den Nachrichteninhalten kann mit Formel 2 die Maskengröße in verschiedenen Szenarien untersucht werden. Die Aktivitätsdauer wird dabei aus der jährlichen Fahrleistung abgeleitet [12].

Szenario 1 (Mindestgröße) Dieses Szenario trifft eine Aussage zur mindestens benötigten Maskengröße. Als Reisegeschwindigkeit wird 130 km/h und damit eine Aktivitätsdauer von 105 h angesetzt. Damit wird eine vollautomatische Fahrzeugregelung bei einer typischen Betriebsdauer während eines Jahres angenommen. Alle Nachrichten werden mit einer Frequenz $f_{send} =$

$f_{empf} = 1\,\text{Hz}$ erzeugt und übertragen. Es wird lediglich jeweils die Prüfsumme $D_{min} = 20\,\text{bit}$ maskiert.

Szenario 2 (Typische Größe) Dieses Szenario trifft eine Aussage zur typischerweise benötigten Maskengröße. Es wird eine Reisegeschwindigkeit von $36\,\text{km/h}$ und damit eine Aktivitätsdauer von $381\,\text{h}$ angenommen. Damit wird eine manuelle Fahrzeugregelung bei einer typischen Betriebsdauer während eines Jahres betrachtet. Alle Nachrichten werden mit einer Frequenz $f_{send} = f_{empf} = 5\,\text{Hz}$ erzeugt und übertragen. Es werden lediglich streckenbezogene Nachrichten übermittelt, deren Prüfsumme $D_{typ} = 20\,\text{bit}$ maskiert wird.

Szenario 3 (Maximale Größe) Dieses Szenario trifft eine Aussage zur maximal benötigten Maskengröße. Es wird eine Aktivitätsdauer von $7300\,\text{h}$ angenommen. Damit wird eine automatische Fahrzeugregelung bei einer ganzjährigen Betriebsdauer unter Berücksichtigung von einzelnen Wartungsintervallen betrachtet. Alle Nachrichten werden mit einer Frequenz $f_{send} = f_{empf} = 10\,\text{Hz}$ erzeugt und übertragen. Es werden alle Nachrichteninhalte $D_{max} = 626\,\text{bit} + 637\,\text{bit} = 1263\,\text{bit}$ maskiert.

Die Ergebnisse der Berechnungen mit Formel 2 sind in der folgenden Tabelle 3 zusammengestellt.

Tabelle 3. Benötigte Maskengröße in verschiedenen Szenarien

Szenario	1	2	3
Empfangsfrequenz $f_{empf}(t)$	1 Hz	5 Hz	10 Hz
Sendefrequenz $f_{empf}(t)$	1 Hz	5 Hz	10 Hz
Daten streckenbezogen	20 bit	20 bit	626 bit
Daten fahrzeugbezogen	20 bit	0 bit	637 bit
Aktivitätsdauer	105 h	381 h	7300 h
Maskengröße pro Jahr	$3,0 \cdot 10^7$ bit	$2,7 \cdot 10^8$ bit	$6,6 \cdot 10^{11}$ bit

Es zeigt sich, dass selbst im Maximalszenario die Bevorratung von Masken für ein Jahr Betriebsdauer nicht über einem zweistelligen Gigabytebereich liegt. Selbst bei einer angenommenen Lebensdauer von 30 Jahren steigt die benötigte Maskengröße nicht über einige Terabyte.

5.2 Zeitverhalten

Neben der zur Bevorratung von Masken benötigten Datenmenge muss sich auch das Verschlüsselungsverfahren in der Praxis bewähren. Dies betrifft insbesondere die Verarbeitungszeiten, die auf Echtzeitverhalten ausgelegt sein müssen. Das Zeitverhalten des Maskierungsvorgangs wird empirisch analysiert.

In einem ersten Test wird eine Nachricht konstanter Länge mit steigender Anzahl maskiert. Das resultierende Zeitverhalten ist in Abb. 2 dargestellt.

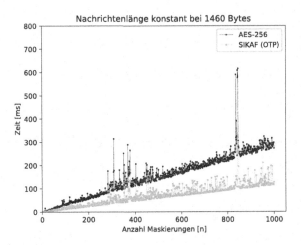

Abb. 2. Zeitverhalten bei konstanter Nachrichtenlänge

In einem weiteren Test werden Nachrichten unterschiedlicher Länge mit gleicher Anzahl maskiert. Das resultierende Zeitverhalten ist in Abb. 3 dargestellt.

Die wichtigsten Erkenntnisse aus der empirischen Untersuchung von SIKAF sind

- die Bestätigung einer linearen Beziehung zwischen der für die Verschlüsselung benötigten Zeit, der Nachrichtenlänge und der Anzahl der Maskierungen,
- kein Hinweis auf nachteilige Skalierungseffekte und
- der Nachweis, dass die zur Bevorratung von erforderlichen Masken für ein Betriebsjahr benötigte Datenmenge problemlos auf handelsüblichen Datenspeichern hinterlegt werden kann.

Die auftretenden Peaks werden auf spezifische Klartext-Maske-Kombinationen oder Prozesse, die temporär den Prozessor belasten, zurückgeführt und können durch den Einsatz eines Echtzeitbetriebssystems vermieden werden.

6 Zusammenfassung und Ausblick

Es wurde ein Fahrzeugleitsystem vorgestellt, dessen Kommunikationen durch perfekt sichere Verschlüsselung gesichert sind. Die für eine ausreichende Betriebszeit erforderlichen Masken können auf Datenspeichern mit üblichen Kapazitäten vorgehalten werden, wodurch die generelle Verwendbarkeit perfekt sicherer Verschlüsselung in Anwendungen des Internets der Dinge nachgewiesen werden kann.

Die Inhalte des vorliegenden Beitrags basieren teilweise auf der Dissertation des Verfassers. Eine detailliertere Ausführung der dargestellten Ergebnisse wird dort zu finden sein.

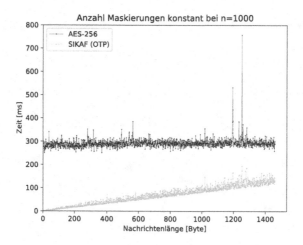

Abb. 3. Zeitverhalten bei konstanter Anzahl an Maskierungsvorgängen

Literaturverzeichnis

1. Daniel Jiang and Luca Delgrossi. IEEE 802.11p: Towards an International Standard for Wireless Access in Vehicular Environments. In *IEEE Vehicular Technology Conference*, 2008.
2. Jithesh Sathyan, Anoop Narayanan, Navin Narayan, and Shibu K V. *A Comprehensive Guide to Enterprise Mobility*. CRC Press, 2013.
3. Claude E. Shannon. Communication theory of secrecy systems. *Bell System Technical Journal*, 1949.
4. Markus Maurer et al. *Autonomes Fahren – Technische, rechtliche und gesellschaftliche Aspekte*. Springer, 2015.
5. Electronic Frontier Foundation. *Cracking DES: Secrets of Encryption Research, Wiretap Politics and Chip Design*. O'Reilly, 1998.
6. Steven Meyer. Breaking GSM with Rainbow Tables. *Computing Research Repository*, 2011.
7. Scott Fluhrer, Itsik Mantin, and Adi Shamir. Weaknesses in the Key Scheduling Algorithm of RC4. In *Selected Areas in Cryptography*, 2001.
8. ISO 26262. Straßenfahrzeuge - Funktionale Sicherheit.
9. ETSI EN 302 637-2. Intelligent Transport Systems (ITS); Vehicular Communications; Basic Set of Applications; Part 2: Specification of Cooperative Awareness Basic Service, 2019.
10. ETSI EN 302 637-3. Intelligent Transport Systems (ITS); Vehicular Communications; Basic Set of Applications; Part 3: Specifications of Decentralized Environmental Notification Basic Service, 2019.
11. DIN EN ISO 14819-1:2014-03. Verkehrs- und Reiseinformationen über Verkehrsmeldungskodierung - Teil 1: Kodierungsprotokoll für den digitalen Radiokanal für Verkehrsmeldungen (RDS-TMC) unter Nutzung von Alert-C.
12. Bundesministerium für Verkehr und digitale Infrastruktur. Verkehr in Zahlen 2019/2020.

Programmunbeeinflussbare Authentifikation von Eingaben auf berührungssensitiven Sichtfeldern

Robert Fitz

Department Informations- und Elektrotechnik
Fakultät Technik und Informatik
Hochschule für Angewandte Wissenschaften Hamburg
Berliner Tor 7, 20099 Hamburg
robert.fitz@haw-hamburg.de

Zusammenfassung. Wirkungsvoller Schutz vor Schad-Software ist nur durch programmunbeeinflussbare, meistens gerätetechnisch realisierte Schutzmaßnahmen möglich. Um solche Methoden auf mobile elektronische Geräte zu übertragen, die weder Schalter noch Taster, sondern lediglich berührungssensitive Sichtfelder, Kameras, Mikrofone, Lautsprecher und ggf. andere Sensoren und Aktoren besitzen, und unter diesen Randbedingungen sichere und gleichzeitig praktikable Authentifizierung von Benutzern und ihrer Eingaben zu gewährleisten, wird das berührungsempfindliche Sichtfeld eines Datenverarbeitungsgerätes derart programmunbeeinflussbar durch Platzierung einer durch kein Schadprogramm angreifbaren und durch keinerlei Programm- oder Prozessorimplementierungsfehler in ihrer Funktion beeinträchtigbare, gerätetechnisch realisierte Kontrolleinheit zwischen dem Sichtfeld und den Prozessoren des Gerätes gesichert, die während sicherheitskritischer Phasen programmunbeeinflussbare Teilbereiche des Sichtfelds sicherheitsrelevanten Funktionen zuordnet und überwacht.

1   Einleitung

Mobile elektronische Datenverarbeitungsgeräte wie Smartphones oder Tablet-PCs sind mittlerweile allgegenwärtig. Viele Menschen geben sie nicht mehr aus der Hand. Im Laufe eines Tages fordern sie häufig ihre Nutzer auf, sich oder ihre Eingaben zu authentifizieren. Die Gestaltung sicherer und gleichzeitig praktikabler Authentifizierungsmöglichkeiten unterliegt verschiedensten einschränkenden Randbedingungen hinsichtlich spärlicher Hardware-Ausstattung der Geräte, fehlerhafter und schädlicher Software, menschlicher und Umgebungsfaktoren sowie der Tatsache, dass bei dieser Geräteklasse auch immer von direkten physikalischen Kontakten mit potenziellen Angreifern ausgegangen werden muss.

Authentifikation auf der Grundlage persönlichen Besitzes, bspw. von Chipkarten, scheidet für mobile Endgeräte aus, da sich der Einbau von Kartenleseeinheiten nachteilig auf Gerätedicke, -gewicht und -preis auswirken sowie die Robustheit gegenüber Staub und Wasser negativ beeinflussen würde. Ferner bestünde die Gefahr, dass die Authentifikationsmedien aus Bequemlichkeitsgründen zusammen mit den Geräten, z. B. in deren Hüllen, aufbewahrt würden.

Der Einsatz von Fingerabdrucksensoren würde diese Geräte verteuern, zusätzlich Strom verbrauchen, sich nachteilig auf Form und Gewicht auswirken und eventuell von potenziellen Käufern wegen unzureichender oder als unzureichend empfundener Lebenderkennungseigenschaft nicht akzeptiert werden oder es könnte schlicht und einfach der erforderliche Platz fehlen. Des Weiteren mag man Authentifizierungen auf Basis von Fingerabdrücken für diese Geräte auch als denkbar ungeeignet erachten, da sie mit authentifikationsrelevanten Fingerabdrücken der berechtigten Benutzer geradezu übersät sind.

Auch die Verwendung der in den Geräten bereits vorhandenen Kameras als mögliche Authentifikationsgeräte bspw. zur Gesichtserkennung oder der Mikrofone zur Stimmenerkennung scheidet unter praktischen Gesichtspunkten aus, denn erstere können leicht mit Fotografien getäuscht werden und unterschiedliche Lichtverhältnisse verursachen starke Streuungen der Authentifikationsgüte, während sich letztere wegen der stark wechselnden Umgebungsgeräusche nicht für diesen Zweck eignen.

Ferner sind diese Methoden auf Grund ihres rein biometrischen Charakters psychometrischen Lösungen weit unterlegen. Hinzu kommen Akzeptanzprobleme vieler rein biometrischer Methoden, da sie sich häufig auch zur Krankheitserkennung verwenden lassen und damit aus Datenschutzgründen für betriebseigene Geräte ausscheiden. Die sonst üblichen, lediglich auf der Kenntnis von Geheimnissen basierenden Passworteingaben sind viel zu unsicher und unpraktisch, um für mobile Geräte eine praktikable und sichere Lösung darzustellen.

Die Erfahrung lehrt und in [4] wurde gezeigt, dass digitale Datenverarbeitungssysteme nur mittels programmunbeeinflussbar realisierter, gerätetechnischer Schutzmaßnahmen wirkungsvoll vor Schadprogrammen aller Art („Malware") abgesichert werden können. Entsprechend bedarf es zur Benutzerauthentifikation praktikabler und hinreichend sicherer sowie robuster und durch Schadprogramme unangreifbarer, auf psychometrischer Grundlage beruhender Möglichkeiten, gegenüber denen auch keine, ihren Einsatz behindernde Vorbehalte oder Berührungsängste bestehen dürfen. Die zu lösende Aufgabe besteht somit darin, die Anmeldung von Benutzern an und ihre Eingaben auf mobilen digitalen Datenverarbeitungsgeräten wie Smartphones oder Tablet-PCs, die über keinerlei Schalter und vielleicht noch nicht einmal einen Taster, sondern lediglich über berührungssensitive Sichtfelder, Kameras, Mikrofone und Lautsprecher sowie ggf. weitere Sensoren und Aktoren verfügen, programmunbeeinflussbar zu authentifizieren. Erschwerend kommt dabei hinzu, dass potenzielle Angreifer oft Gelegenheit haben, die Nutzer derartiger Geräte bei ihrer Bedienung zu beobachten oder sogar direkten physischen Kontakt zu den Geräten zu erlangen.

2   Stand der Technik

In der Patentschrift [9] wird eine Einrichtung zur sicheren Authentifikation beschrieben, um Programmhersteller vor Raubkopierern zu schützen. Gerätetechnische Modifikationen nicht substanziellen Charakters werden von dieser Einrichtung allerdings toleriert, da sie einem anderen Zweck als das Patent [3] dient, das eine gerätetechnisch ausgeführte Schreibschutzkopplung zum Schutz digitaler Datenverarbeitungsanlagen vor dem Eindringen von Schadprogrammen während der Installationsphase von Nutzprogrammen beschreibt.

Eine Einrichtung für Mobiltelefone und Uhren mit Zusatzfunktionalität wird in [10] skizziert, die zweiseitige Authentifikation zwischen Benutzern und Geräten ermöglicht. Die Nichtmanipuliertheit eines Gerätes wird hier allerdings nicht so stringent wie in [3] geprüft und die Benutzerdaten werden ebenfalls nicht so konsequent geschützt wie dies dort der Fall ist.

Das Patent [5] sieht ebenfalls keine Unterbindung unautorisierter gerätetechnischer Modifikationen vor, zeigt aber eine Methode auf, wie Mobilfunkgeräte gegen unerlaubte Benutzung gesichert werden können, und unterstreicht damit ebenfalls die Notwendigkeit sicherer Authentifikation, die allerdings hinreichend praktikabel sein muss, um im Alltag auch Akzeptanz und Anwendung zu finden.

Der Ansatz nach [11] schafft mittels eines sicheren eingebetteten Elements die Möglichkeit, mobile Geräte als Chipkarten- oder Reisepassersatz zu nutzen. Es wird auf die Wichtigkeit von Warnmeldungen an Benutzer aufgrund von Manipulationsversuchen hingewiesen, wie in [3] ausführlich beschrieben. Ferner wird die Notwendigkeit sicherer Authentifikation gefordert, ohne allerdings konkret zu beschreiben, wie diese realisiert werden könnte.

Wie in [3] ist auch in [1] von besonders geschützten Speicherbereichen und Gerätekennungen die Rede. Die in [1] vorgestellten Speicherbereiche werden Container genannt. Sie können sich in unterschiedlichen Ebenen der Speicherhierarchie befinden, weshalb die Implementierung weniger restriktiv als nach [3] ist. Des Weiteren wird in [1] besonderer Wert auf Verschlüsselung und Kopplung von Prozessoren mit Speicherbereichen gelegt, d. h. das Hauptaugenmerk liegt hier auf sicherer Kommunikation zwischen den einzelnen Elementen unter Verwendung von Standardmethoden. Prinzipiell wird auch in dieser Offenlegungsschrift die Notwendigkeit sicherer Benutzerauthentifikation sehr deutlich.

Das Thema von [1] ist geschützte Übertragung von Daten zur Programmierung speicherprogrammierbarer Bausteine mittels sogenannter Vertrauensanker. Auch hier wird teilweise auf kryptographische Funktionen zurückgegriffen und wie in [3] die Integrität des eingebetteten Systems bzw. der Schutz vor nicht autorisierter Manipulation als eine der wichtigsten Anforderungen postuliert. Grundlage dieses Schutzes muss zwangsläufig wieder sichere Authentifikation sein.

Ein Verfahren zur Durchführung von Speicherzugriffen unter Verwendung eines elektronischen Sicherheitsmoduls und eines Hypervisor genannten Computerprogramms wird in [8] vorgestellt. Auch in dieser Anwendung aus dem Automobilbereich geht es darum, unautorisierte Modifikationen zu verhindern und unerlaubten Informationsgewinn zu unterbinden, obgleich entsprechende Systeme oftmals physikalischen Angriffen ausgesetzt sind. Im Abschnitt [8, 0024] ist zu lesen: „Um dem gesamten IT-System vertrauen zu können, ist es erforderlich, dass jede Schicht auf die wirksame Sicherheit der darunterliegenden Schicht vertrauen kann, ohne in der Lage zu sein, dies direkt zu verifizieren. Dies bedeutet bspw., dass sich eine perfekte Software- und Hardware-Sicherheitslösung durch eine schwache darunterliegende Sicherheitssystemgestaltung als nutzlos erweisen kann. Darüber hinaus kann gegeben sein, dass eine mögliche Schwäche in der Systemgestaltung nicht erfasst oder durch die oberen Hard- und Software-Schichten verhindert wird." Diese Aussage ist vollkommen korrekt und unterstreicht eindringlich, dass alle Sicherheitsbemühungen ins Leere laufen, wenn die Überlegungen in diesen Veröffentlichungen wirksame und sichere Benutzerauthentifikation unberücksichtigt lassen.

Zur Authentifikation werden nach dem Stand der Technik am häufigsten geheim zu haltende Passwörter verwendet. Für die betrachteten Geräte ist diese Methode jedoch viel zu unsicher und unpraktisch, weil häufig zu kurze Passwörter gewählt und diese von vielen Benutzern im Laufe des Tages sehr häufig eingegeben werden. Des Weiteren werden diese Eingaben meist in mit Kameras bestückten und von vielen Menschen bevölkerten öffentlichen Bereichen vorgenommen, sodass optisches Ausspähen leicht möglich ist.

Ferner ist Authentifikation mittels Eingabe von Figuren gebräuchlich, die allerdings nur sehr grob auf ihre Gestalt hin und nicht bezüglich ihrer Entstehung geprüft werden können, sodass auch diese Methode viel zu unsicher ist. Diese Aussagen werden in [2] mit konkreten Messwerten untermauert.

3   Lösungskonzept

Die genannten Probleme lassen sich lösen, indem das berührungsempfindliche Sichtfeld eines Datenverarbeitungsgerätes derart programmunbeeinflussbar gesichert wird, dass zwischen dem Sichtfeld und den Prozessoren des Gerätes eine, durch kein Schadprogramm angreifbare und durch keinerlei Programmfehler oder gar durch fehlerhafte Prozessorimplementierungen in ihrer Funktion beeinträchtigbare, gerätetechnisch realisierte Kontrolleinheit platziert wird (siehe Abb. 1), die in speziellen sicherheitskritischen Phasen, wie sie bspw. die Installation von Nutzerprogrammen darstellen, programmunbeeinflussbare Teilbereiche (Felder) des Sichtfeldes speziellen sicherheitsrelevanten Funktionen zuordnet. Diese Teilbereiche werden während der sicherheitskritischen Phasen ausschließlich durch die Sichtfeldkontrolleinheit überwacht. Wird der Eintritt in eine sicherheitskritische Phase angefordert, so überprüft die Kontrolleinheit die Rechtmäßigkeit der Anforderung in programmunbeeinflussbarer Weise durch sichere Authentifikation, indem die Ausführung aller Betriebssystem- und Anwendungsprogramme angehalten und alle weiteren Aktionen nur durch die Kontrolleinheit gesteuert werden.

Ob diese programmunbeeinflussbare Sichtfeldkontrolleinheit in Form einer separaten, ggf. anwendungsspezifischen integrierten oder als programmierbare logische Schaltung, als im Feld programmierbare Logikgatteranordnung oder aber programmunbeeinflussbar zusammen mit anderen Komponenten implementiert wird, ist lediglich eine bezüglich der Sicherheit unerhebliche Entwurfsalternativenwahl. Allein entscheidend ist, dass weder für Betriebssystemfunktionen noch Anwendungsprogramme noch Prozessoren, die sämtlich als potenziell fehlerbehaftet angesehen werden müssen, die Möglichkeit besteht, die Funktionalität der

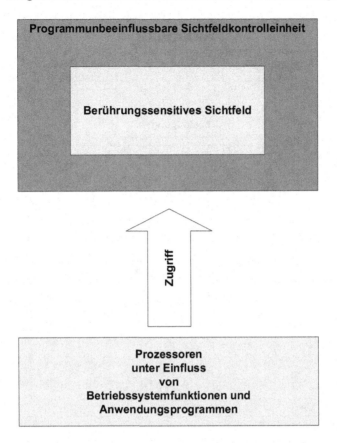

Abb. 1. Einbettung des Sichtfeldes in eine unangreifbare Kontrolleinheit

Sichtfeldkontrolleinheit hinsichtlich ihrer Sicherheitseigenschaften zu beeinflussen, was sich durch Anwendung einer der oben beispielhaft erwähnten Technologien gewährleisten lässt. Wie Abb. 1 verdeutlicht, ist das Sichtfeld in die sichere Kontrolleinheit eingebettet und damit jegliche Ein- und Ausgabe programmunbeeinflussbar überwachbar.

4 Implementierungsvarianten

Sollte zur Überprüfung der Rechtmäßigkeit des Eintritts in eine sicherheitskritische Phase keiner verbindungsprogrammierten Lösung, sondern dem Einsatz eines sequentiellen Code ausführenden Prozessors der Vorzug gegeben werden, so ist es am sichersten, dafür einen dedizierten, allein der Kontrolleinheit zur Verfügung stehenden Prozessor mit möglichst einfacher Architektur zu wählen, für den Betriebsbewährtheit und Abwesenheit von Implementierungsfehlern nachgewiesen wurden. Aus Sicherheitsgründen abzuraten ist von der Verwendung des Prozessors, der im Betriebsmodus dem Betriebssystem und den Anwendungs-

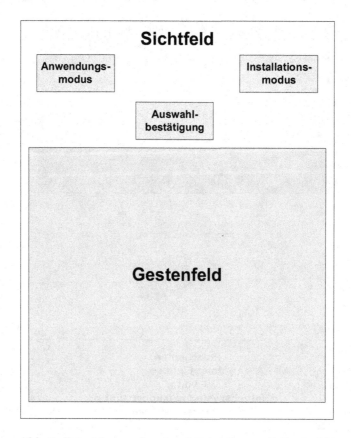

Abb. 2. Beispiel einer Anzeigenfeldeinteilung mit Gestenfeld

programmen zur Verfügung steht – auch wenn für ihn keine Sicherheitslücken bekannt sind. Wird er trotzdem verwendet, so sind die den unterschiedlichen Programmen zugeordneten Speicherbereiche programmunbeeinflussbar voneinander zu trennen und geeignet zu initialisieren. Programmcode sollte in Nurlesespeichern bereitgestellt und auf Speicherverwaltungseinheiten und Fließbandverarbeitung sollte verzichtet werden, da sie angreifbare Schwachstellen darstellen und für die relativ einfache und exklusive Aufgabe der sicheren Authentifikation und Steuerung von Programminstallationen nicht erforderlich sind.

Der Eintritt in eine sicherheitskritische Phase ist am einfachsten bei der Inbetriebnahme eines Gerätes dadurch abzusichern, dass zuerst allein die Sichtfeldkontrolleinheit eingeschaltet wird, die dann eine Authentifikation durchführt und erst danach die übrigen Baugruppen des Gerätes einschaltet, sodass während der Authentifikation noch gar kein Schadprogramm und keine fehlerhafte Betriebssystemfunktion überhaupt aktiv sein kann. Während des laufenden Betriebs fordert das Betriebssystem oder ein entsprechend privilegiertes Anwendungsprogramm den Eintritt in eine sicherheitskritische Phase lediglich durch Senden einer Nachricht an die Kontrolleinheit an. Auf diese Anfrage reagiert

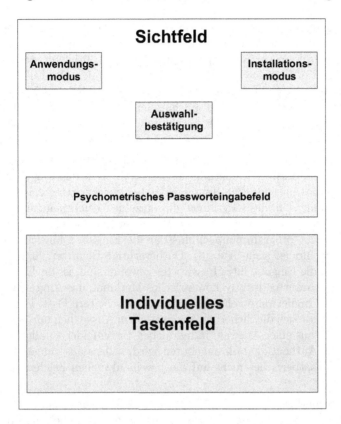

Abb. 3. Beispiel einer Anzeigenfeldeinteilung mit individuellem Tastaturlayout

die Kontrolleinheit dann durch Anhalten des das Betriebssystem und alle Anwendungsprogramme ausführenden Prozessors sowie Einleiten der spezifizierten Authentifikationsprozedur. Erst wenn alle sicherheitsrelevanten Aufgaben erfüllt sind, erlaubt die Kontrolleinheit dem Prozessor weiterzuarbeiten.

Die programmunbeeinflussbare Sichtfeldkontrolleinheit schaltet sich nach erfolgreicher Authentifikation für den Anwendungsmodus, in dem keinerlei Programminstallationen möglich sind, komplett oder teilweise transparent und überlässt den gängigen Betriebssystemen und Anwendungsprogrammen unter den zuvor im Installationsmodus definierten Randbedingungen die Kontrolle über das Sichtfeld; sie schreitet erst dann ein, wenn diese Randbedingungen verletzt werden.

Durch die gerätetechnisch abgesicherte, programmunbeeinflussbare Aufteilung des berührungssensitiven Sichtfelds in Teilbereiche können gegenseitige Verriegelungen auch ohne Schalter, Taster oder andere Bauelemente realisiert werden. In den Abbildungen 2 und 3 wird beispielhaft gezeigt, wie zwischen einem Anwendungs- und einem Installationsmodus sicher exklusiv ausgewählt werden kann.

Ein Sichtfeldbereich lässt sich zur Eingabe hinreichend charakteristischer und durch keine Schadprogramme manipulierbarer Gesten definieren, anhand derer die ausführenden Personen sicher psychometrisch authentifiziert werden können (siehe Abb. 2). Im Zuge der Auswertung wird insbesondere der Entstehungsvorgang der Gesten im Hinblick auf ihre Formen und abschnittsweisen Geschwindigkeitsverläufe berücksichtigt, um mit hinreichender Sicherheit nur berechtigte Benutzer zu authentifizieren, denn herkömmliche Lösungen auf diesem Gebiet sind viel zu ungenau und in ihrer Ausführung angreifbar und damit ungeeignet.

Eine weniger komfortable, aber unter Hochsicherheitsanforderungen ggf. notwendige psychometrische Authentifikationsmethode stellt Passworteingabe unter Verwendung eines individuellen Tastenfeldes bei gleichzeitiger Auswertung der Anschlagdynamik, d. h. des Rhythmus' der einzelnen Zeicheneingaben, dar. Dazu zeigt die Sichtfeldkontrolleinheit den Benutzern ein individuelles Tastenfeld an und überwacht programmunbeeinflussbar die Eingaben hinsichtlich Rhythmus und Zeichenfolge (siehe Abb. 3). Da berechtige Benutzer ihr individuelles Tastenfeld und die Eingabe ihres Passwortes gewohnt sind, ist ihr Eingaberhythmus ein gut auszuwertendes psychometrisches Merkmal, das Angreifer selbst bei Kenntnis des normalerweise geheimen Passwortes scheitern lässt. Für diese Eingabemethode lässt sich die Sicherheit vor optischem Ausspähen noch erhöhen, indem Benutzern aus einer Auswahl individueller Tastenfelder zufallsabhängig ein Tastenfeld zur Authentifikation angeboten wird, sodass aus einiger Entfernung aufgrund des Tastbereiches nicht auf die jeweils aktuellen Zeichen geschlossen werden kann.

Um die Sicherheit der Authentifikation mittels Sichtfeldeingabe weiter zu steigern, kann im Rahmen des Authentifikationsvorgangs noch eine Reihe weiterer benutzerspezifischer Merkmale zusätzlich zur Auswertung herangezogen werden, sofern geeignete Sensoren vorhanden sind. Dazu gehören für ein mobiles Gerät bspw. die Position, in der es gehalten wird, der Gang der es mit sich führenden Person oder sein zulässiger geographischer Aufenthaltsort, z. B. ein Firmengelände. Dieses Komfortmerkmal lässt sich nutzen, um die Anzahl notwendiger Authentifikationen mittels Sichtfeldeingabe im Anwendungsmodus zu reduzieren, solange die Ganganalyse darauf schließen lässt, dass das mobile Gerät sich noch im Besitz der rechtmäßigen Besitzerin bzw. des rechtmäßigen Besitzers befindet.

Auf psychometrischen Merkmalen und geheimem Wissen beruhende, bereits als sehr sicher anzusehende Authentifikation kann bei Vorhandensein entsprechender Kommunikationskomponenten noch durch Einbeziehung persönlichen Besitzes verbessert werden, indem die räumliche Nähe zu anderen Gegenständen (z. B. in Hosen- oder Jackentaschen, an Schlüsselanhängern, Gürteln oder Armbändern bzw. in Armbanduhren mit Zusatzfunktionalitäten) mittels Nahfeld- oder Nahbereichsfunkkommunikation zusätzlich überprüft wird. Senden die kommunizierenden Gegenstände darüber hinaus aktuelle Vitalparameter wie Herzschlag oder Blutdruck der tragenden Personen, so können diese Informationen für weitergehende Prüfungen im Rahmen sicherheitsrelevanter Authentifikationen herangezogen werden.

Für rechtmäßige Besitzer mobiler Geräte kann die Sicherheit noch weiter dadurch erhöht werden, dass bei negativer Authentifikation gemäß zuvor definierter Szenarien programmunbeeinflussbar geeignete Maßnahmen ergriffen werden, wie Notrufe abzusetzen, die aktuellen Gerätestandorte zu übermitteln oder Kameras, Mikrofone, Lautsprecher bzw. Leuchtdioden oder Sichtfeldbeleuchtungen, z. B. im Blink- oder SOS-Modus, zu aktivieren.

5 Fazit

Das hier vorgestellte Konzept trägt gleichermaßen höchsten Sicherheits- und Komfortbedürfnissen Rechnung, indem es Benutzerauthentifikationen an insbesondere mobilen Geräten auf höchstem Sicherheitsniveau durch Verwendung einer durch keine Malware, kein fehlerhaft arbeitendes Betriebssystem oder Anwendungsprogramm oder gar durch fehlerhaft implementierte Prozessoren überwindbare Kontrolleinheit in Kombination mit auf psychometrischen Eigenschaften, geheimem Wissen sowie persönlichem Besitz beruhenden Methoden komfortabel auch ohne Schalter, Taster oder übliche gerätetechnische Authentifikationseinheiten, wie bspw. Chipkartenleser, erlaubt.

Beispielsweise können Hacker gemäß [6] Passwörter und PIN-Codes aus von Sensoren, insbesondere Gyroskopen, gelieferten Daten über die von mobilen Geräten während des Eintippens geheimer Ziffern ausgeführten Bewegungen erschließen, weil Applikationsprogramme frei auf die Daten der meisten Sensoren in solchen Geräten zugreifen dürfen. Dieses Problem wird hier grundlegend gelöst, wohingegen alle in [6] gemachten Lösungsvorschläge programmbeeinflussbar und somit inhärent unsicher sind.

Die vorgestellten Authentifikationsmethoden können als extrem sicher angesehen werden, sind durch kein Schadprogramm und keinen Programmfehler überwindbar und lassen im wahrsten Sinne des Wortes bei den Anwendern keinerlei Berührungsängste oder sonstige Vorbehalte aufkommen, wie das bei vielen etablierten Methoden für andere Anwendungen der Fall ist.

Literaturverzeichnis

1. I. Alexandrovich, V. Beker, G. Gerzon und V.R. Scarlata: Prozessoren, Verfahren, Systeme und Befehle zum Zulassen sicherer Kommunikationen zwischen einem geschützten Containerspeicher und Eingabe-/Ausgabegeräten, Offenlegungsschrift DE 11 2016 004 330.9, 2016
2. A.J. Aviv, J.A. Davin, F. Wolf und R. Kuber: Towards Baselines for Shoulder Surfing on Mobile Authentication. Proc. *33rd Annual Computer Security Applications Conference*, S. 486–498, New York: ACM 2017 (DOI: 10.1145/3134600.3134609)
3. R. Fitz und W.A. Halang: Gerätetechnische Schreibschutzkopplung zum Schutz digitaler Datenverarbeitungsanlagen vor Eindringlingen während der Installationsphase von Programmen, Deutsches Patent 10051941, 2000
4. W.A. Halang und R. Fitz: *Nicht hackbare Rechner und nicht brechbare Kryptographie*, 2. Auflage, Berlin: Springer-Vieweg 2018

5. E. Löhmann, J. Hake und J. Thelen: Verfahren zur Sicherung eines Mobilfunkgerätes gegen unerlaubte Benutzung, Deutsches Patent 4242151, 1992
6. M. Mehrnezhad, E. Toreini, S.F. Shahandashti und F. Hao: TouchSignatures: Identification of User Touch Actions and PINs Based on Mobile Sensor Data via JavaScript, *Journal of Information Security and Applications*, 26:23–38, 2016
7. D. Merli und D. Schneider: Speicherprogrammierbarer Baustein und Verfahren zur geschützten Übertragung von Daten auf einen speicherprogrammierbaren Baustein, Offenlegungsschrift DE 10 2015 224 300.1, 2015
8. I. Opferkuch, Th. Keller und M. Emele: Verfahren zum Überwachen eines elektronischen Sicherheitsmoduls, Offenlegungsschrift DE 10 2014 208 848.8, 2014
9. D.B. Pearce und A. Hughes: Software anti-piracy system that adapts to hardware upgrades, U.S. Patent 6243468, 1998
10. A. Pfitzmann, B. Pfitzmann, M. Schunter und M. Waidner: Trusting Mobile User Devices and Security, *IEEE Computer*, 30(2):61–68, 1997
11. Chr.J. Tremlet: Eingebettetes sicheres Element zur Authentifizierung, Speicherung und Transaktion in einem mobilen Endgerät, Offenlegungsschrift DE 10 2013 106 295.4, 2013

Automated Testbed for Various Indoor Position Systems and Sensors for Evaluation and Improvement

Jan-Gerrit Jaeger, Christoph Brandau and Dietmar Tutsch

University of Wuppertal
School of Electrical, Information and Media Engineering
Rainer-Gruenter-Str. 21, 42119 Wuppertal, Germany
{jgjaeger|brandau|tutsch}@uni-wuppertal.de

Abstract. We present an automated testbed for the evaluation of different indoor positioning systems and their sensors. The test system is based on a mobile robot that follows a definable path. The robot is based on the Robot Operating System (ROS).

1 Introduction

This paper deals with the construction of a system which serves to evaluate and improve indoor positioning systems (IPS) and their sensors. For this purpose, there is a firmly defined testbed, in which a freely selectable path can be defined. This path is driven by a robot. The robot has a lidar sensor, an acceleration sensor and a gyroscope for positioning. By using a robot operating system [1], all data of the sensors are combined and evaluated, thus a positioning of the robot is performed. Since the system should be as cost-efficient as possible, a LEGO Mindstorm [2] serves as a basis. Due to the small size of the robot, the position is calculated on a connected computer. By using a lidar sensor an exact positioning is possible, but the use of the sensor in the real world is limited. The system can be used to evaluate both runtime-based sensors and sensors based on signal strength. In this article an ultra-wideband positioning system is used to verify the functionality of the test system.

2 System Configuration

2.1 Robot

A LEGO robot is used to perform standardized tests with automated position changes. The LEGO Mindstorm can be extended by different components. The program data is transferred to the robot via an infrared interface. The programming of the movement control is done in the programming language Not Quite C [3]. The built-in processor is not sufficient to perform a position determination. As additional components light sensors were added. By using a phototransistor the brightness of the underground can be determined. This function is necessary for the robot to follow a given black line.

The Mindstorm is driven by four motors, whose speed can be controlled by a pulse width modulation [4]. The motors drive the wheels via a differential. The differential is necessary because the additional sensors make the weight of the robot too high compared to the original weight. The robot and the sensors used function independently of each other. For this reason, the robot can be exchanged for another model if necessary.

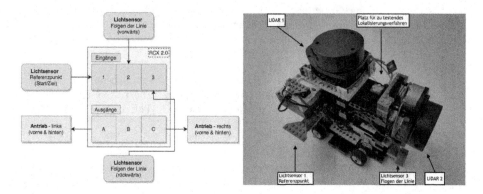

Fig. 1. The left figure shows the connections of the LEGO Mindstorm. Three inputs are used for the light sensors. These sensors are necessary to follow the line and find the reference point. The outputs control the motors. The right figure shows the robot. The LIDAR is mounted horizontally on it. The light sensor is mounted at the front of the robot.

2.2   Sensors

For the localization of the robot a LIDAR was installed, which is used for a two-dimensional laser-based location detection. The LIDAR was placed horizontally on the LEGO Mindstorm. The LIDAR is the RPLIDAR-A1M8 [5] with a maximum range of six meters. Certain surface properties lead to incorrect distance measurements. Additionally an inertial measuring unit, consisting of an accelerometer, gyroscope and a magnetometer, was installed.

The data from the sensors are sent via a USB connection to a desktop computer, where the data are evaluated. A processing of the data on the robot, by a single board computer, was not possible due to space and weight reasons. For example, an additional accumulator would have been necessary. The wiring harness is routed out at the top, so it does not interfere with the optical positioning.

2.3   Positioning

The Middleware Robot Operation System (ROS) is used to calculate the position. Using the available drivers and algorithms, ROS offers a possibility to simplify the communication between the processes as well as the implementation of freely available code. ROS packages represent a kind of software organization and contain among other things executable nodes, manifest files and configuration files. ROS nodes have a modular structure and allow calculations to be performed and communication with other nodes. The programming was done in C++.

The package Laser Scan Matcher [6] offers a solution for generating the visual odometry. Therefore matches between two received laser scan messages are identified and a position is estimated. The calculation of the rotational motion can be accelerated considerably by the information of the odometry and the IMU. Since there is no communication between LEGO Mindstorm and ROS no odometry data can be obtained from the wheel movements. Because of the existing slip the data of the wheels would be very faulty.

For the Simultaneous Localization and Mapping the package GMapping [7] is used. The package uses the Rao-Blackwell particle filter, so a previous position of the robot can be estimated. The package provides both a map of the test environment and the path of the robot.

The data of a manually created map did not bring any improvement for the position determination. Therefore the package Adaptive Monte Carlo Localization [8] was used.

3 Testbed

The test environment is a $180cm$ x $180cm$ area bounded by $30cm$ high panels. The arrangement of the plates guarantees the reflection of the laser from LIDAR, which simplifies the positioning.

Due to the light sensor used, the LEGO Mindstorm follows a black line placed on the floor. This line can be freely defined. A fixed driving route without this line is not possible due to the limiting characteristics of the robot. Due to the slip and the variable voltage of the accumulators, a constant speed is not possible. Nevertheless, a standardized driving behavior was desired. The testbed offers a start and stop position where the robot starts and ends each round trip. A repeatability of the round trip is important for the subsequent evaluation of the results, therefore the reference point must be approached exactly. This includes both the orientation and the position. The vehicle stops at the reference point after a round trip with a deviation in orientation less than 0.5 degrees and a distance less than $4mm$. Between the rounds, there are deviations in the range of $2.5cm$. This value can be reduced if outliers are removed from the evaluation.

The sensors to be tested are placed on the robot, a transformation of the measured position is therefore necessary. Additional hardware, such as anchors, can be placed at the edges of the test environment. Obstacles can be placed in the test environment if they do not block the round trip. Thus, disturbances in the radio transmission can be simulated. The current position of the robot can be called up via a serial interface, so that the parameters can be adjusted while the robot is still moving. Due to the limitations, the evaluation of sensors is only possible in two-dimensional space.

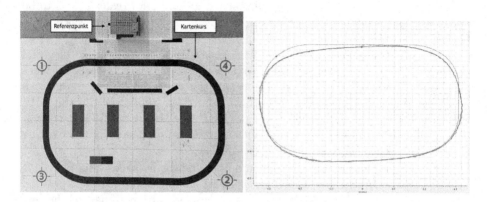

Fig. 2. The left figure shows the real course in the testbed, the black line determines the route of the robot. Milimeter paper is placed in front of the reference point, so the deviation of the robot can be determined. The reference point defines the beginning and the end of each route. The right figure shows the real driven path compared to the given route. The markings are three round trips.

4   Accuracy of the Test Environment

In order to be able to test high-precision indoor positioning systems, the test environment must provide the most precise position calculation possible. This value was determined by several test series. The inaccuracy of the measurements is almost completely due to the tolerance of the LIDAR. This results in a deviation of the position in the millimeter range. Per second the position is updated 30 times and transmitted via the serial interface. This update rate is adequate for the movement speed of the robot.

5   Ultra-wideband IPS

For the evaluation of the test system, an indoor positioning system based on ultra-wideband technology [9] (UWB) was used. This method is based on a runtime-based positioning. UWB transmits pulse-shaped signals in a frequency range of several GHz. The advantage of localization with UWB compared to other radio technologies is a low interference by obstacles.

The DW1000 [10] from decaWave is based on the IEEE802.15.4-2011 standard and, according to the manufacturer, offers a precision of $10cm$. New modules must be initialized before first use, as the distance measurement differs for

Fig. 3. DW1000 modules with the extension board, the UWB antenna is located in the upper right corner.

each module. The communication with the UWB module and the position calculation is done by an Arduino. The UWB module and the Arduino are placed on the LEGO Mindstorm. In addition three anchors are attached to the corners of the test environment. This number of anchors is at least necessary for two-dimensional positioning. A higher number can increase accuracy and redundancy.

The position of the anchors must be known. By determining the transmit time between the tag and the anchor a distance is determined, this method is called Time of Arrival. Time of Arrival is the simplest and most common ranging technique, it is used for example in the Global Positioning System [11] (GPS). From these distances the position of the module is calculated by triangulation. This position is compared with the position of the test system. Figure 4 shows the optimal case for the determination of the position, the triangulation allows only one possible position of the tag. For the calculation the following circular equations are needed:

$$(x - x_1)^2 + (y - y_1)^2 = d_1^2$$
$$(x - x_2)^2 + (y - y_2)^2 = d_2^2 \tag{1}$$
$$(x - x_3)^2 + (y - y_3)^2 = d_3^2$$

(x_i, y_i) describes the coordinates of the anchors, d_i is the distance between the anchor and the tag. (x, y) is the searched position of the tag. In reality this case occurs very rarely, because even under optimal conditions there is interference. So it is possible that the circles have no intersection points or two intersection points. If there are two intersection points, the next intersection point to the third anchor should be selected for further calculation. Due to the interferences there is in many cases no clear solution. More precise results can be obtained by adjustments in the calculation. The automated test system can help with the improvement.

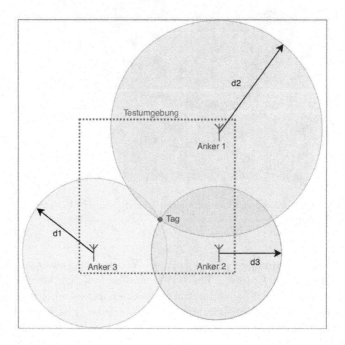

Fig. 4. Schematic representation of the testbed. The anchors of the IPS are mounted at the corners of the test environment. The tag is located in the testbed and its position is determined by triangulation.

5.1   Improvement through the Test System

The initialization of many ultra-wideband modules takes a lot of time, because each module has to be adjusted individually. Since for this purpose different distances are compared with the distance calculated by the runtime. The determined error can be programmed on the module, which improves the precision. Manual measurements can quickly become inaccurate. The automated test system can run a straight line and thus generate different distances between two UWB modules and determine their real distance exactly. This value is passed to the Arduino and the error can be calculated for each distance. The error for the three used anchors is in the range of $12cm$ to $45cm$. These values lead to considerable deviation as shown in figure 5. The tag (triangle) is at the position x $= 0.9cm$ and y $= 0.9cm$. The crosses mark the calculated position. The left figure shows the calculation without initializing the modules. The right figure shows the calculated positions after initialization. This process leads to an improvement of the precision. Outliers were not removed during the calculation.

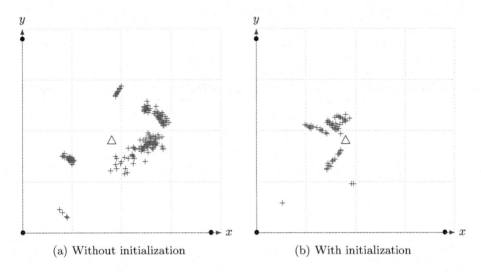

(a) Without initialization   (b) With initialization

Fig. 5. Calculation of the position of the tag in the testbed. The triangle marks the tag. The circles on the axes mark the anchors attached to the edges of the testbed.

6   Conclusion

The aim of the paper was to develop an automatic test bed that can evaluate and improve various interior positioning systems and sensors. The functionality of the system was demonstrated with an existing ultra-wideband indoor positioning system. The precision of the test system is sufficient because of the used LIDAR. The initialization of the modules could be automated. The test system shall show in further experiments which sensors can improve the precision of the UWB IPS. In the next step the disturbing influence of obstacles will be calculated.

References

1. Roboter Operationg System (ROS) Website, `http://www.ros.org/`. Last accessed 30 September 2020
2. Lego Mindstorms, `https://www.lego.com/de-de/themes/mindstorms` Last accessed 30 September 2020
3. Not Quite C Sourceforge, `http://bricxcc.sourceforge.net/nqc` Last accessed 30 September 2020
4. LEGO Mindstorms Informations, `https://www.eti.uni-siegen.de/ezls/lehre/cprogrammierpraktikum/hardware.pdf` Last accessed 30 September 2020
5. Slamtec: RPLIDAR A1 Low Cost 360 Degree Laser Range Scanner. Shanghai 2016 (Rev.: 1.0). Datasheet
6. Package Summary Laser Scan Matcher, `http://wiki.ros.org/laser_scan_matcher` Last accessed 30 September 2020
7. Package Summary GMapping, `http://wiki.ros.org/gmapping` Last accessed 30 September 2020

8. Package Summary Monte Carlo, `http://wiki.ros.org/amcl` Last accessed 30 September 2020
9. Characteristics of ultra-wideband technology, `http://www.itu.int/dms_pubrec/itu-r/rec/sm/R-REC-SM.1755-0-200605-I!!PDF-E.pdf` Last accessed 30 September 2020
10. DW1000 User Manual, `https://thetoolchain.com/mirror/dw1000/dw1000_user_manual_v2.05.pdf` Last accessed 30 September 2020
11. GPS Standard, `https://www.gps.gov/technical/ps/2008-WAAS-performance-standard.pdf` Last accessed 30 September 2020

Automatisierte Erkennung von Transportbehältern bekannter Versender

Roman Gumzej

Fakultät für Logistik, Universität in Maribor
Mariborska cesta 7, 3000 Celje, Slowenien
roman.gumzej@um.si

Zusammenfassung. Insbesondere in Luftfrachtzentren eintreffende Transportbehälter müssen vor dem Weiterversand auf dem Luftwege aus Sicherheitsgründen auf Sprengstoff durchsucht werden. Dies ist in Lieferketten sogar mehrfach erforderlich, verlangsamt logistische Prozesse und erhöht die Transportkosten ebenso wie den Aufwand zur automatischen Beförderung von Transportbehältern. Solche Durchsuchungen lassen sich durch Anwendung des Konzeptes bekannter Versender gemäß der Verordnung (EU) 185/2010 vermeiden. Dazu werden an einen Behälter verplombt Manipulationsdetektoren, Sensoren und ein sowohl mechanisch als auch informationstechnisch nicht kompromittierbares digitales Datenverarbeitungs- und Kommunikationsgerät angebracht, das in einem speziellen Nurlesespeicher einen der Authentifizierung des Behälters dienende Zeichenkette enthält. Bei Eintreffen des Behälters an einer Umschlagstelle wird er durch seine äußere Kennzeichnung, Plausibilitätsdaten sowie Austausch von Nachrichten mit seinem Versender automatisch authentifiziert. Das dazu verwendete Protokoll setzt echten Zufall, Einmalverschlüsselung der Nachrichten und unvollständige Übertragung der Authentifizierungszeichenketten zur Sicherung ein.

1 Einleitung

Aufgrund gesetzlicher Bestimmungen, des zunehmenden Gefährdungspotentials und der Sicherheitsanforderungen der International Air Transport Association [3] müssen Behälter zum Transport sensibler Güter an Umschlagstellen, insbesondere vor ihrer Verladung auf Flugzeuge oder Schiffe, auf Sprengstoff durchsucht werden. Das bedeutet zusätzlichen Aufwand, der in Lieferketten sogar mehrfach erforderlich werden kann, die Transportkosten erhöht und logistische Prozesse verlangsamt. Um mehrfache Durchsuchungen von Behältern nach ihrem ursprünglichen Beladen zu vermeiden, wurden in den Verordnungen Nr. 648/2005 [10] und Nr. 185/2010 [11] der Europäischen Union die Konzepte „zugelassener Wirtschaftsbeteiligter" für Hersteller, „bekannter Versender" für Distributoren sowie „reglementierter Beauftragter" für (Luft-) Frachtzentren eingeführt. Nur deren Behälter dürfen autonom und automatisch, d.h. ohne menschliches Zutun, befördert werden. Weil diese Beteiligten und insbesondere ihr verantwortliches Personal für Frachttransporte haften, obliegt es ihnen, ihre Warendistribution unter Beachtung der Sicherheitsvorschriften sowohl der eigenen Unternehmen als auch der gesamten Geschäftsprozesse durchzuführen. Um ihren jeweiligen Status aufrecht zu erhalten, müssen diese Unternehmen die Sicherheitsvorgaben nachhaltig erfüllen und unangekündigte Inspektionen europäischer oder nationaler Aufsichtsbehörden zulassen. Alle bekannten Versender und reglementierten Beauftragte sind in einer Datenbank der Europäischen Union vermerkt.

Die Verordnung (EU) Nr. 185/2010 spezifiziert die von einem bekannten Versender zu erfüllenden Anforderungen und beschreibt die von ihm zum Schutz seiner eigenen sowie der in Transit befindlichen Transportbehälter anzuwendenden Maßnahmen [4]. Reglementierte Beauftragte, Luft- und Seefrachtspediteure müssen beim Eintreffen eines Behälters den Status des Versenders prüfen und den Behälter entsprechend behandeln. Dazu fragen sie den aktuellen Versenderstatus in der Datenbank ab. Wurde der Behälter nicht von einem bekannten Versender im Sinne der Verordnung (EU) Nr. 185/2010 verschickt, so wird der Behälter gemäß aller geltenden Sicherheitsauflagen geprüft. Anderenfalls kann er schneller weiterbefördert werden, weil auf die meisten Sicherheitsvorkehrungen verzichtet werden darf.

2   Problem

Das Kernproblem der automatischen Identifizierung und Authentifizierung von bekannten Versendern verschickter Transportbehälter besteht darin, diese ohne großen Aufwand als solche sicher erkennen und schnell weiterleiten zu können. Denn obwohl Rückfragen an die Datenbank der bekannten Versender über relativ sichere Informationskanäle abgewickelt werden, werden die Daten von und über die Behälter weiterhin ungesichert übertragen. Gedruckte ein- (Strichcode) oder zweidimensionale (QR-Code) Kennzeichnungen können leicht gefälscht und/oder ausgetauscht werden.

Weil im Physikalischen Internet (PI) alle Transportbehälter im Idealfall mit hinreichend sicheren Identifikationschips versehen werden, wird es immer dringender, die geltenden Sicherheitsmaßnahmen zu vereinheitlichen und ihre Anwendung zu verbreitern. Zur automatisierten Abwicklung des Güterverkehrs (vgl. [7]) werden mithin auch automatisierte Sicherheitsvorkehrungen erforderlich. Dazu wird in diesem Artikel ein Sicherheitsprotokoll beschrieben, das automatisierte Identifizierung und Authentifizierung von im Physikalischen Internet beförderten Transporteinheiten gewährleisten kann.

3   Lösungsansatz

Der nun vorgestellte PI-Transportbehälter [6] besteht aus dem eigentlichen Behälter zur Aufnahme des Transportguts und einem nicht kompromittierbaren digitalen Datenverarbeitungs- und Kommunikationsgerät zur Überwachung und Steuerung der Zustände des Behälters und seiner Ladung, zur Mitwirkung an der Planung seiner Beförderung und Verteilung, zur Nachrichtenübermittlung und zur Bereitstellung von Schlüsselfolgen, wie sie von informationstheoretisch

sicheren kryptographischen Verfahren benötigt werden. Das Datenverarbeitungsgerät umfasst einen Prozessor, Schnittstellen zur Nahfeldkommunikation und zu
drahtlosen lokalen Netzen, Manipulationsdetektoren und verschiedene Sensoren
für bspw. Temperatur, Feuchtigkeit, Druck, Beschleunigung oder Ausrichtung
sowie einen speziellen Nurlesespeicher, der eine der Authentifizierung des Behälters dienende Zeichenkette enthält. Zwecks leichterer Zugänglichkeit und um die
Funkverbindungen nicht zu beeinträchtigen, ist das Datenverarbeitungsgerät an
der Außenseite des Behältern angebracht. Innerhalb des Behälters befindliche
Sensoren sowie auf der Behälteroberfläche befestigte Manipulationsdetektoren
sind mit dem Datenverarbeitungsgerät verkabelt. Sie senden bestimmte Signale,
sobald vorgegebene Bedingungen (z.B. Überhitzung der Behälterladung, Beschädigung des Behälters, Entfernung des Datenverarbeitungsgeräts vom Behälter)
erfüllt sind. Die Ausstattung mit Sensoren sowie informations- und kommuni-
kationstechnischen Komponenten ermöglicht die Zustandsfernüberwachung des
Behälters und seiner Ladung. Um den Stromverbrauch zu minimieren, wird die
Funkschnittstelle zu lokalen Netzen erst dann aktiviert, wenn der Behälter mittels Nahfeldkommunikation identifiziert wurde, und nach Beendigung notwendigen Datenaustausches sofort wieder abgeschaltet. Außen ist der Behälter mit
einer Kennzeichnung (a in Figur 1) versehen, die mittels Nahfeldkommunikation
abgelesen werden kann.

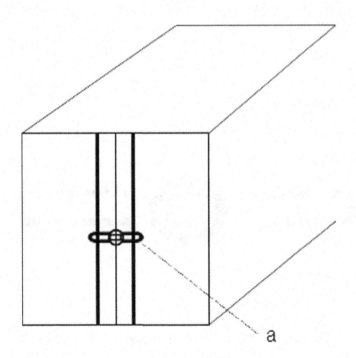

Abb. 1. Verplombte Transporteinheit mit Identifikations-Chip

4 Sicherheitskonzept

Die folgende Kombination effektiver Maßnahmen schützt das Datenverarbeitungsgerät äußerst wirkungsvoll sowohl mechanisch als auch informationstechnisch gegen Hackerangriffe und Eindringen von Schadprogrammen. Sein Programm- und Datenspeicher sowie die entsprechenden Zugriffswege sind gemäß der Harvard-Architektur physisch strikt voneinander getrennt. Somit ist es dem Prozessor nicht möglich, Befehle aus dem Datenspeicher zu lesen. Darüber hinaus ist der Programmspeicher als Nurlesespeicher ausgelegt und mit nicht mehr als den unbedingt nötigen Programmen belegt. Die Korrektheit letzterer ist streng zu verifizieren und ihre Betriebsbewährtheit nachzuweisen, bevor sie in Nurlesespeicher geschrieben und für große Serien von Behältern eingesetzt werden dürfen. Von diesen Programmen wird jede nicht vorhergesehene Aufforderung zum Datenaustausch verweigert und stattdessen ein Alarmsignal erzeugt. Wegen der Trennung der Speicher und der Realisierung des Programmspeichers als Nurlesespeicher ist es physikalisch weder möglich, das Datenverarbeitungsgerät zu hacken noch mittels Telekommunikation Schadprogramme in seinen Programmspeicher zu schreiben. Weiterhin wird das Einbringen von Schadprogrammen mittels mechanischen Austausches des Programmspeichers durch vollständige Umhüllung des Datenverarbeitungsgerätes mit der in [5] beschriebenen Schutzfolie verhindert, die ein Alarmsignal als Reaktion auf jegliche Art mechanischer Manipulationsversuche auslöst.

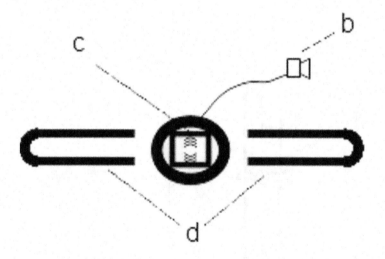

Abb. 2. Verplombter RFID-Transponder mit Sensoren

5   Physikalische Vorkehrungen

Als Schutz gegen unbefugten Zugriff und mechanische Manipulationen sind die Anbringungen des Datenverarbeitungsgerätes an den Behälter verplombt (vgl. Figur 1). Wenn ein bekannter Versender den Transportbehälter zum Versand vorbereitet, platziert und versiegelt er das Datenverarbeitungsgerät an der Öffnung des Behälters (a in Figur 1) derart, dass der Behälter nicht ohne Entfernen des Datenverarbeitungsgerätes geöffnet werden kann. Das versiegelte Datenverarbeitungsgerät ist mit den in Figur 2 gezeigten Sensoren b, d verbunden. Die Manipulationsdetektoren c, d werden durch elektronische Manipulationsversuche, gewaltsame Entfernung der Plomben oder des Datenverarbeitungsgerätes selbst sowie durch dessen Beschädigung und der im Behälterinneren angeordnete Sensor b wird durch gewaltsames Öffnen des Behälters, Durchbrechen der Behälterwand oder Unterbrechen der Verbindung mit dem Datenverarbeitungsgerät aktiviert. Deshalb wird b vorzugsweise als Ultraschallsensor ausgelegt. Jedes der von den Sensoren b, c, d oder dem Datenverarbeitungsgerät selbst abgegebenen Signale veranlasst die Ausführung einer geeigneten Reaktion vom Unterbinden des Zugriffs auf die Authentifizierungszeichenkette, damit der Behälter nicht mehr authentifiziert werden kann, bis hin zur Zerstörung des Datenverarbeitungsgerätes.

6   Informationstechnische Vorkehrungen

Die Automatisierung der Authentifizierung von bekannten Versendern im Sinne der Verordnung (EU) Nr. 185/2010 stammender Transportbehälter basiert auf der Verwendung recht langer Zeichenketten zu ihrer eindeutigen Identifizierung, die in speziellen Nurlesespeichern ihrer Datenverarbeitungsgeräte vorgehalten werden. Entscheidend für die Sicherheit der Authentifizierung ist der Schutz des Datenverkehrs zwischen Umschlagstellen (reglementierte Beauftragte) und den dort jeweils bekannten Versendern durch Einsatz kryptographischer Verfahren. Die derzeit gebräuchlichen Verschlüsselungsverfahren verwenden meistens über längere Zeiträume hinweg ein und dieselben Schlüssel und sind somit kryptoanalytisch angreifbar. Als hinreichend sicher werden immer die Verfahren betrachtet, für die die jeweils aktuell verfügbare Rechenleistung zum einfachen Durchprobieren aller möglichen Schlüssel noch nicht ausreicht. In letzter Konsequenz ist demnach lediglich die Vernam-Chiffre nach [9] auf Dauer sinnvoll und wird deshalb dem hier vorgestellten Verfahren zugrunde gelegt, weil nur mit ihr informationstheoretisch perfekte Datensicherheit gewährleistet werden kann.

Informationstheoretisch perfekte Datensicherheit ist dann gegeben, wenn aus einer Klartextinformation durch Verschlüsselung mit gleicher Wahrscheinlichkeit jeder mögliche Chiffrentext entsteht und es völlig unmöglich ist, in irgendeiner systematischen Weise vom Chiffrat auf den Klartext zu schließen. Nach dem für die Informationstheorie grundlegenden Satz von Shannon [8] gilt ein kryptographisches Verfahren nur dann als perfekt sicher, wenn die Anzahl möglicher Schlüssel mindestens so groß wie die Anzahl möglicher Nachrichten ist. Damit ist die Anzahl der Schlüssel ebenfalls mindestens so groß wie die Anzahl möglicher Chiffrate, die ihrerseits mindestens so groß wie die Anzahl möglicher Klartexte sein muss, und die Schlüssel sind genau so lang wie die Nachrichten. Genau diese Eigenschaften erfüllt das in der Patentschrift [9] offenbarte Verfahren. Die zu seiner Anwendung erforderlichen Einmalschlüssel werden bei Sendern und Empfängern bevorratet oder anderweitig bereitgestellt.

Soll eine Umschlagstelle einen Transportbehälter von einem ihr bekannten Versender im Sinne der Verordnung (EU) Nr. 185/2010 annehmen, so wird die Lieferung mittels Übertragung von Kennzeichnung und Sollplausibilitätsdaten (Abmessungen, Gewicht, Farbe usw.) des Behälters avisiert. Trifft an der Umschlagstelle ein Behälter ein, so wird seine Kennzeichnung abgelesen und werden durch Messen, Wiegen usw. seine Istplausibilitätsdaten bestimmt. Der Behälter wird aussortiert, sofern er nicht von einem bekannten Versender avisiert wurde oder sich ein Widerspruch zwischen übermittelten Soll- und bestimmten Istplausibilitätsdaten ergibt.

Wurde der Behälter nicht aussortiert, so erzeugt die Umschlagstelle per Zufall eine Zugehörigkeitsfunktion, die eine Teilmenge der Authentifizierungszeichenkette definiert, und schickt diese Funktion zusammen mit der Kennzeichnung des Behälters an alle ihr bekannten Versender, und zwar verschlüsselt mit dem Einmalschlüssel, der im Protokoll des Nachrichtenverkehrs der Umschlagstelle mit dem den Behälter avisierenden bekannten Versender dafür vorgesehen ist. Wegen der Einmalverschlüsselung dieser Nachricht ist der Versender des Behälters als einziger der Umschlagstelle bekannter Versender in der Lage, die Nachricht sinnvoll zu entschlüsseln. Als Antwort schickt er an die Umschlagstelle ohne Absenderangabe und verschlüsselt mit dem nächsten vorgesehenen Einmalschlüssel des beiderseitigen Nachrichtenverkehrs die durch die Zugehörigkeitsfunktion definierte Teilmenge der Sollauthentifizierungszeichenkette des Behälters und einen Einmalschlüssel.

Die Umschlagstelle sendet die empfangene Zugehörigkeitsfunktion an den Behälter, der die durch die Funktion spezifizierte Teilmenge der Istauthentifizierungszeichenkette aus seinem Festwertspeicher ausliest und mit einem Einmalschlüssel chiffriert zurücksendet. Kann diese Nachricht mit dem zuvor vom Versender des Behälters empfangenen Einmalschlüssel entschlüsselt werden und stimmen die beiden Teilmengen überein, so gilt der Transportbehälter als positiv authentifiziert.

Im Rahmen obigen Verfahrensablaufs wird eine Nachricht an alle einer Umschlagstelle bekannten Versender geschickt. Die entsprechende Rückmeldung erfolgt ohne Absenderangabe. Damit wird es die Umschlagstelle von außen beobachtenden und ihren Nachrichtenverkehr abhörenden Unbefugten erschwert, die genauen Aufenthaltsorte von Transportbehältern innerhalb der Umschlagstelle zu bestimmen. Der zur Chiffrierung der letzten Nachricht im obigen Verfahrensablauf eingesetzte Einmalschlüssel wird einem Vorrat entnommen, der vor dem Versand des Behälters in dessen Datenverarbeitungsgerät eingespeichert wurde. Der Umfang des Vorrats richtet sich nach der Anzahl der Umschlagstellen, die der Behälter im Zuge eines Transportvorgangs passiert.

Die im Festwertspeicher des Datenverarbeitungsgerätes vorgehaltene Zeichenkette wird als eine einzige Authentifizierungszeichenkette betrachtet und der Festwertspeicher nicht wortweise mit Worten einer bestimmten Länge adressiert, um die Anzahl möglicher und zur Authentifizierung einsetzbarer Teilzeichenketten deutlich zu erhöhen. Sei c die Anzahl der in einem für die Darstellung einer Authentifizierungszeichenkette ausgewählten Zeichensatz enthaltenen Elemente (z.B. 128 für ASCII) und l die Kettenlänge, so kann die Zeichenkette c^l verschiedene Zustände annehmen. Weiterhin gibt es 2^l verschiedene Teilmengen der Zeichenkette. Mithin ist $2^{-l} \cdot c^{-l}$ die Wahrscheinlichkeit, eine bestimmte Teilmenge einer Authentifizierungszeichenkette zu erraten, d.h. 2^{-2048} für den realistischen Fall $c = 128$ und $l = 256$. Zur Authentifizierung werden nicht Soll- und Istauthentifizierungszeichenketten voller Länge verglichen, sondern nur zufällig ausgewählte Teilmengen davon, weil so die Zeichenketten niemals in Gänze übertragen werden, wobei sie aufgezeichnet werden könnten.

7 Diskussion

Der hier vorgestellte PI-Transportbehälter ist in seiner Auslegung (vgl. Figur 1) nicht auf Standard-ISO-Container beschränkt. Es ist jedoch zu erwarten, dass er sich in diesem Format durchsetzt, weil dafür bereits eine Infrastruktur in Form von Schiffen, Waggons, LKW-Anhängern usw. in großem Umfang vorhanden ist, die unmittelbar eingesetzt werden kann. Automatisierte Manipulatoren können bei Bedarf bereitgestellt bzw. bestehende aufgerüstet werden, um die Zahl der Menschen zu reduzieren, die in die Nähe der Transporteinheiten zugelassen werden muss. Die informationstechnische Infrastruktur zur Identifikation und Authentifizierung von Transporteinheiten muss ggf. auch aufgerüstet werden, um die beschriebenen Prozesse zu unterstützen.

Abgesehen von der Menge bzw. dem Volumen der Transporte sind Unterschiede zum aktuellen Zustand nicht zu erwarten. Es werden lediglich mehr PI-Transportbehälter verladen werden, wodurch die Kommunikationsnetze entsprechend zusätzlich belasten werden – letzteres jedoch nur geringfügig wegen des kompakten Umfangs der übermittelten Daten. Die benötigte Netzkapazität wird im Rahmen des kontinuierlichen Netzausbaus deshalb kaum ins Gewicht fallen.

Zur Erhöhung der physischen Sicherheit wird man neue Transportbehälter in erster Linie für Spezialtransporte wie bspw. von Pharmazeutika, medizinischem Material, Organen, Präzisionsgeräten oder verderblicher Fracht anschaffen. Weiterhin werden auch sichere Wege und Anlagen zur Transportabwicklung geschaffen werden, um sie Umwelteinflüssen so wenig wie möglich auszusetzen.

Die im oben beschriebenen Protokoll genannten Zugehörigkeitsfunktionen, die Teilmengen von Authentifizierungszeichenkette definieren, lassen sich sehr einfach und leicht implementierbar in Form von Bitketten darstellen. Dazu werden die Bitketten genauso lang wie die Authentifizierungszeichenketten gewählt. Der Wert jeder Bitstelle zeigt dann an, ob das Zeichen an der entsprechenden Stelle in der zugeordneten Authentifizierungszeichenkette der Teilmenge angehört oder nicht.

Es gibt viele Möglichkeiten, die Werte in den einzelnen Bitstellen per Zufall zu setzen. So kann das Ausgangssignal einer Quelle nichtdeterministischen Rauschens, z.B. thermischen Rauschens in Widerständen, Zener-Dioden oder Transistoren, abgetastet und nachfolgend mittels Schwellwertvergleichs diskretisiert werden.

Zur Vorhaltung der für die Sicherung des Nachrichtenaustauschs bei Sendern zur Ver- und entsprechend bei Empfängern zur Entschlüsselung erforderlichen Einmalschlüssel sei auf [2, Kapitel 7 und 8] verwiesen. Die dort beschriebenen Ansätze umfassen Bevorratung von Schlüsselmengen bei Sendern und Empfängern und pseudozufällige Schlüsselerzeugung mit auf beiden Seiten gleichlaufenden Rekurrenzalgorithmen, deren Ausführung häufig und in unregelmäßigen Abständen mit verschiedenen Anfangswerten neu initiiert wird, um die statistische Qualität der generierten Schlüssel zu erhöhen.

Das hier vorgestellte Protokoll für die Weiterleitung von Transportbehältern könnte zur Erhöhung der informationstechnischen Sicherheit noch um die Nutzung der Blockchain-Technologie zur Mitverfolgung des Transportgeschehens erweitert werden. Zwar verwendet diese Methode angreifbare Verschlüsselungen, jedoch schützt eine Blockchain konstruktiv bedingt alle Daten, die jeweils erfasst wurden, durch digitale Fingerabdrücke und Zeitstempel. Nachträgliche Änderungsversuche jeglicher Art werden damit erkennbar.

Die Sicherheit des Protokolls basiert auf Authentifizierungszeichenketten, die Transporteinheiten eindeutig identifizieren. Komplementär können in einer Blockchain die Transportketten gespiegelt werden, entlang derer Transporteinheiten von einem bekannten Versender zum nächsten weitergereicht werden. Damit ergäbe sich eine zweifache informationstechnische Sicherung, und zwar Konsistenz der Verfolgbarkeit von Transporteinheiten durch eine Blockchain sowie Sicherheit und Nichtabstreitbarkeit der Daten der Transporteinheiten durch das Autorisierungsprotokoll. Durch Verifizierung der Daten einer Transporteinheit in der Blockchain und Benachrichtigung der entsprechenden Versender über ihren Zustand wird zugleich die Transparenz der Transporte erreicht, wie sie im [7] beschrieben ist. Der größte Vorteil ergibt sich daraus, dass die Sicherheit einer Transportkette Punkt zu Punkt gewährleistet werden kann, ohne die Blockchain im Festwertspeicher der Transporteinheit mitführen zu müssen, denn sie kann in einem Cloudspeicher verwaltet werden, wo sie von jeder Umschlagstelle her erreichbar ist.

8   Fazit

Die mit der vorgestellten Lösung erreichten Vorteile bestehen darin, dass sich Transportbehälter vertrauenswürdigen Versendern nachweisbar und nicht abstreitbar zuordnen lassen, dass ihre Sicherheit entlang logistischer Lieferketten gewährleistet ist, dass sich an ihnen vorgenommene Manipulationen automatisch erkennen lassen und dass weniger – im besten Falle sogar gar keine – Mitarbeiter, die Verfälschungen vornehmen könnten, in ihrer Nähe zugelassen werden müssen, weil die Behälter automatisch authentifiziert und weiterbefördert werden können.

Die allgemeinen Schutzziele Vertraulichkeit bzw. Zugriffsschutz, Datenintegrität bzw. Änderungsschutz, Authentizität bzw. Fälschungsschutz sowie Verbindlichkeit bzw. Nichtabstreitbarkeit des den Transport eines Behälters begleitenden Datenverkehrs sind gewährleistet. Da sie immer nur ausschnittsweise übertragen werden, ließen sich die Authentifizierungszeichenketten der Behälter selbst bei Entschlüsselung abgehörten Datenverkehrs nicht vollständig bestimmen.

Das Ziel der sogenannten Interlogistik 4.0 ist, Transporte effizienter, sauberer und kosteneffektiver zu gestalten sowie zugleich neue Möglichkeiten für Wachstum und Innovationen in der Branche zu schaffen. Der größte Schritt dabei ist die Konstruktion des Physikalischen Internets, entlang dessen PI-Transportbehälter befördert werden können. Um zugleich die Datenflüsse zu verwalten, wurden kooperative intelligente Transportsysteme (C-ITS) eingeführt, die als allgegenwärtig betrachtet werden. Zur aktiven Mitverfolgung und Behandlung von Zustandsänderungen der Transporteinheiten wurde auch das Konzept der strukturellen Gesundheitsüberwachung [1] eingeführt. Damit wurde die Autonomie der Transporteinheiten im PI mittels Selbstanpassung und Selbstheilung vergrößert. Durch die autonome Prozessanpassung der kooperativen intelligenten Transportsysteme wird die Möglichkeit geschaffen, die verschiedenen nichtregulären Vorkommnisse in Transportprozessen geeignet anzugehen. Zusammen mit den hier beschriebenen Sicherheitsmechanismen und den in [7] beschriebenen Prozessmetamodellen könnte diese Lösung die Grundlage für ein autonomes und sicheres Physikalisches Internet darstellen.

Literaturverzeichnis

1. A. Abdelgawad, A. Mahmud und K. Yelamarthi: Butterworth Filter Application for Structural Health Monitoring. *International Journal of Handheld Computing Research* 7, 4, 15–29, 2016, https://doi.org/10.4018/IJHCR.2016100102
2. W.A. Halang und R. Fitz: *Nicht hackbare Rechner und nicht brechbare Kryptographie*, 2. Auflage, Berlin: Springer-Vieweg 2018
3. International Air Transport Association: IATA Cargo Strategy, 2017, https://pdf4pro.com/amp/view/iata-cargo-strategy-2018-50960f.html
4. Irish Aviation Authority: Guidance for known consignors, 2013, https://www.iaa.ie/docs/default-source/misc/guidance-for-known-consignors.pdf
5. O. Schimmel und M. Hennig: Kopier- und Manipulationsschutz für eingebettete Systeme. *Datenschutz und Datensicherheit* 38, 11, 742–746, 2014
6. R. Gumzej und W.A. Halang: Priprave za hitro vkrcavanje in izkrcavanje potniških letal, Slowenisches Patent SI 25013 A, 2015
7. R. Gumzej, M. Komkhao und S. Sodsee: Design of an Intelligent, Safe and Secure Transport Unit for the Physical Internet, In: P. Meesad und S. Sodsee (Hrsg.): *Recent Advances in Information and Communication Technology 2020*, Reihe „Advances in Intelligent Systems and Computing", Vol. 1149, pp. 60–69, Cham: Springer 2020, https://doi.org/10.1007/978-3-030-44044-2_7
8. C.E. Shannon: Communication Theory of Secrecy Systems. *Bell Systems Technical Journal*, 28, 656–715, 1949
9. G.S. Vernam: Secret Signaling System. U.S. patent 1310719A, 1918

10. Verordnung (EG) Nr. 648/2005 des Europäischen Parlaments und des Rates vom 13. April 2005, `https://eur-lex.europa.eu/LexUriServ/LexUriServ.do?uri=OJ:L:2005:117:0013:0019:DE:PDF`

11. Verordnung (EU) Nr. 185/2010 der Kommission vom 4. März 2010 zur Festlegung von detaillierten Maßnahmen für die Durchführung der gemeinsamen Grundstandards in der Luftsicherheit, `http://eur-lex.europa.eu/LexUriServ/LexUriServ.do?uri=OJ:L:2010:055:0001:0055:DE:PDF`

Eine Komplexitätsmetrik basierend auf der kognitiven Wahrnehmung des Menschen

Daniel Koß

daniel.koss@posteo.de

Zusammenfassung. Umfangreiche Entwurfsartefakte sind im Umfeld sicherheitsgerichteter Systeme eine häufige Ursache für unentdeckte Entwurfsfehler, die zur Laufzeit zu gefährlichen Zuständen führen können. Um einer prüfenden Instanz, in der Regel einem Menschen, die Funktionsweise heterogener Entwurfsartefakte nahezubringen, müssen diese verstehbar sein. Etablierte Komplexitätsmetriken sind hierzu nur scheinbar aussagefähig, fokussieren sich diese doch größtenteils auf die funktionale Komplexität. Ebenso wichtig für die Verstehbarkeit sind aber nichtfunktionale Kriterien wie Lesbarkeit, hierarchische Aufteilung und kognitive Zugänglichkeit. Hierzu wird ein Ausflug in die Welt der Kognitionspsychologie gewagt. Basierend auf den gewonnenen Erkenntnissen wird eine Metrik vorgestellt, die eine ganzheitliche Betrachtung der Komplexität von Entwurfsartefakten aus der Perspektive der wahrnehmenden Instanz erlaubt.

1 Einführung

Eine hohe Komplexität der Entwurfsartefakte programmierbarer elektronischer Systeme führt zu einer erhöhten Wahrscheinlichkeit, dass Entwurfsfehler unentdeckt bleiben. Jeder verbliebene Entwurfsfehler führt im laufenden System potentiell zu einem gefährlichen Fehler, der Mensch, Material oder Umwelt schädigen kann. Es ist daher gerade im Umfeld sicherheitsrelevanter Systeme alternativlos, jeglicher unnötigen Komplexität vorzubeugen. Um allerdings eine Aussage über den Grad der Komplexität tätigen zu können, ist es notwendig, diesen messbar zu machen.

2 Stand von Wissenschaft und Technik

Zur Messung von Komplexität kommen in der Regel Metriken zum Einsatz. Diese sind Berechnungsvorschriften, welche als Eingabe ein Entwurfsartefakt entgegennehmen und als Ausgabe eine Maßzahl zur Verfügung stellen, welche kontextfrei ist und daher einer weiteren Interpretation bedarf.

2.1 Triviale Messmethoden

Das Zählen von Umfängen, ohne gesonderte Betrachtung des funktionalen Inhalts, ist trivial. Hierunter fallen Techniken, die die Anzahl an Kodezeilen (engl.

Lines of Code – LoC), die Anzahl und Größe von Dateien oder die Anzahl der verwendeten Programmierbefehle innerhalb eines Softwareprogramms zählen. Es wird jedoch in der Regel nicht unterschieden zwischen funktionalen und nicht-funktionalen Umfängen, sodass die Komplexitätseinschätzung mit Hilfe dieser Methoden extrem ungenau bleibt, oder sogar schlicht falsch, wenn beispielsweise nichtfunktionale Dateien oder Kodezeilen mitgemessen werden. Ein funktionaler Vergleich verschiedener Entwurfsartefakte untereinander ist mit diesen Methoden nicht sinnvoll möglich.

2.2 Zyklomatische Komplexität

Die zyklomatische Komplexität, nach ihrem Erfinder auch McCabe-Metrik genannt, beschreibt eine Messmethode auf Basis der unterschiedlichen Pfade, welche während der Ausführung eines Softwareprogramms genommen werden können, und gibt damit eine Aussage über den Aufwand eines vollständigen Tests [9]. Per definitionem hat ein rein sequentiell ablaufendes Programm ohne Sprünge oder Abzweigungen eine zyklomatische Komplexität von 1. Jede Abzweigung, beispielsweise in Form von konditionellen Sprüngen oder Schleifendurchläufen, erhöht die zyklomatische Komplexität um 1.

Ein Nachteil dieser Metrik ist, dass sie starke Abhängigkeiten zur verwendeten Programmiersprache und daraus verwendeter Sprachkonstrukte hat. Je nachdem, welche Sprachelemente einer Programmiersprache eingesetzt werden, um ein identisches Problem zu beschreiben, fällt die zyklomatische Komplexität mitunter unterschiedlich aus. Beispielsweise lassen sich mit IF-/ELSE-Verschachtelungen und SWITCH-/CASE-Anweisungsblöcken gleichwertige Funktionalitäten beschreiben, womit die zyklomatische Komplexität beider Varianten gleich groß ist. Dennoch ist eine tiefe IF-/ELSE-Verschachtelung deutlich unübersichtlicher als ein äquivalenter SWITCH-/CASE-Block.

2.3 Halstead-Metrik

Halstead schlug eine Metrik vor, die vor allem die Komplexität von Software messbar machen soll [7]. Er ging davon aus, dass Programme als Kombination von Operatoren und Operanden aufgefasst werden können. Unter Operanden sind typischerweise Speicherstellen und Daten zu verstehen, beispielsweise Variablen; Operatoren bezeichnen hingegen Instruktionen. Die Grundlage einer Komplexitätsmessung sind im Rahmen der Halstead-Metrik das *Vokabular* η, definiert als Vereinigung unterschiedlicher Operatoren η_1 und Operanden η_2, sowie die *Implementationslänge* N, welche die Vereinigung der insgesamt verwendeten Operatoren N_1 und Operanden N_2 darstellt.

Hieraus werden die eigentlichen Messgrößen der Halstead-Metrik für ein Programm definiert. Die *Länge*, welche als implementationsunabhängige Länge eines Algorithmus' aufgefasst werden kann: $\hat{N} = \eta_1 \times \log_2 \eta_1 + \eta_2 \times \log_2 \eta_2$, sowie das *Volumen*, welches als implementationsabhängiger Umfang eines Algorithmus' verstanden werden kann: $V = N \times log_2\eta$.

Aufgrund ihrer fehlenden Anschaulichkeit sind die Werte der Halstead-Metrik allein wenig hilfreich. Es fehlt ihnen ein Bezugssystem, welches erst durch Messungen definierter und möglichst verschiedenartiger Programme erstellt werden müsste. Sie sind hingegen nützlich bei einer vergleichenden Bewertung einer größeren Menge an Programmen. Es ist leicht erkennbar, dass die Werte der Halstead-Metrik streng monoton mit dem Umfang eines Programms steigen. Aufgrund der verwendeten Logarithmen ist jedoch kein linearer Anstieg gegeben, wodurch die Interpretierbarkeit eines Vergleichs mitunter schwer fällt. Weiterhin ist die Halstead-Metrik, wie die zyklomatische Komplexität nach McCabe, beschränkt auf die Messung einer textuellen Komplexität des Programmkodes und damit sowohl abhängig von der verwendeten Programmiersprache als auch von der Effizienz der Programmgestaltung.

2.4   Statische Kodeanalyse à la Lint

Neben einzelnen Metriken gibt es vermehrt Programme, die eine ganze Reihe von Metriken und anderer Eigenschaften aus den Quellkodes von Software berechnen. Lint entstand aus einer Notwendigkeit bei der Programmerstellung in der Sprache C heraus, um unter anderem Laufzeitfehler schon zum Zeitpunkt der Kompilierung vorwegzunehmen. C besitzt, aufgrund seiner Hardwarenähe und der vergleichsweise überschaubaren Programmgrößen zu seiner Entstehungszeit, problematische Sprachkonstrukte, die in komplizierteren Programmen schnell zu Entwurfsfehlern führen können, aber syntaktisch dennoch völlig korrekt sind. In die Bresche sprang dann Lint [8], indem es eine Überprüfung auf die Verwendung eben dieser problematischen Konstrukte bot. In späteren Versionen und davon abgeleiteten Programmen, welche die statische Kodeanalyse auch für andere Programmiersprachen umsetzten, kamen dann auch stilistische Überprüfungen hinzu, wie beispielsweise die Verwendung von Einrückungen oder die Einhaltung von Programmierrichtlinien. Deren Einhaltung verbessert die Lesbarkeit des Kodes und verringert damit, bedingt durch die erhöhte Verstehbarkeit, auch die verbliebenen Entwurfsfehler im fertigen Programm. Es muss konstatiert werden, dass die Existenzberechtigung von Lint oder anderen Analysewerkzeugen vor allem daraus resultiert, dass die verwendeten Programmiersprachen und einige ihrer Sprachkonstrukte unsicher sind, da sie aufgrund ihrer Komplexität, Missverständlichkeit und des Missbrauchspotentials zu Entwurfsfehlern führen.

3   Ansatz

Nicht die technische Lösung ist für die Komplexitätsbewertung das Betrachtungsobjekt mit dem Ziel der Verstehbarkeit durch Einfachheit, sondern der Mensch selbst, speziell dessen Wahrnehmung. Wie lassen sich also Informationen so darstellen, dass sie durch den prüfenden Menschen so gut wie möglich erfassbar und bewertbar sind?

3.1   Wahrnehmung und Verarbeitung des menschlichen Geistes

Die „magische(n)" Zahl(en)   Im Jahr 1956 stellte Miller die These auf, dass es offenbar eine maximale Anzahl an Strukturelementen gibt, die ein Mensch kurzfristig gleichzeitig im Geiste präsent halten kann. Diese „magische" Anzahl, welche den Informationsgehalt unabhängig von der Art des sensorischen Stimulus beschreibt, gab er mit sieben an, mit jeweils einer Abweichung von zwei nach oben und unten (7 ± 2), um auf eine gewisse Unschärfe hinzuweisen. Diese Zahl schien ihm genetisch vorgegeben, anstatt durch Prägung oder Erwerb veränderbar zu sein, sodass sich diese auch nicht durch Training signifikant beeinflussen ließe [10].

In der Zwischenzeit wurden andere Anzahlen als Sieben propagiert, unter anderem auch in Abhängigkeit des Kontextes oder der Art der Information [3] [11]; einen Überblick bietet [13].

Simultanerfassung   Menschen fällt es offenbar deutlich leichter, Anzahlen schnell anhand fester Größenordnungen einzuordnen, als ihnen die korrekte Anzahl, beispielsweise durch Zählen, zuzuweisen. Dafür ist es nötig, dass die Mengen mit zunehmender Größe einen hinreichenden Abstand zueinander haben, damit diese klar voneinander separierbar sind [4, S. 59 ff.]. Besonders deutlich ausgeprägt ist dieser Effekt bei Mengen von 1, 2 und 3. Die Abgrenzung dieser drei Anzahlen voneinander erfolgt quasi intuitiv, ohne Nachdenken oder Rechnen und erfordert daher minimale Zeit ($\approx 0,6$ s) [4, S. 56 f.]. Schon eine Menge von vier erfordert signifikant mehr Zeit, diese von eins, zwei oder drei abzugrenzen ($\approx 0,9$ s). Für noch größere Anzahlen steigen Aufwand und Fehlerrate exponentiell an [4, Abbildung 3.2]. Ab Anzahlen von ungefähr vier bis sechs ist eine schnelle Erfassung und Einordnung ohne Zählen somit nicht mehr möglich, was die Aufnahme und Aufrechterhaltung im Kurzzeitgedächtnis erschwert.

Neuere Forschungen gehen davon aus, dass die visuelle Simultanerfassung allgemein auf Objekte ausgedehnt werden kann und nicht auf Anzahlen bestimmter oder gleichartiger Objekte beschränkt ist [4, S. 259 f.]. Das visuelle Arbeitsgedächtnis scheint hierfür drei bis vier „Speicherschlitze" zur Verfügung zu haben, welche beliebig komplexe, zusammenhängende Objekte und ihre Eigenschaften vorzuhalten vermögen, wie Awh, Barton und Vogel in Experimenten herausfanden [1].

Der lesende Geist   Im Umfeld sicherheitsgerichteter Systeme ist Lesen eine unabdingbare Fertigkeit zum Verständnis ihrer Funktionsweise. Nach Gabrieli et al. hängt Leseverständnis von den zwei Faktoren *visuelle Wahrnehmung* und *Sprache* ab [6]. Während die visuelle Wahrnehmung von Geburt an gegeben und somit nicht erlernt werden muss, muss Sprache durch Einprägen und Üben vorgegebener Regeln erworben werden. Dieser Lernprozess kann durch stetes Anwenden ausgebaut werden.

Das menschliche Gehirn kennt für den Vorgang des Lesens offenbar zwei Routen [6]. Die *phonologische Route* kommt für Wörter zum Einsatz, welche neu oder ungewohnt sind. Dieser Weg dauert länger, was daran liegt, dass das Wort Buchstabe für Buchstabe gelesen, einem Klangmuster zugeordnet und dann der Sinn phonologisch interpretiert werden muss. Diese Route wird genommen, wenn ein Wort nicht direkt visuell einem Sinn zugeordnet werden kann. Die *direkte Route* hingegen erlaubt die gesamte Erfassung des Wortes sowie den anschließenden Abruf des im Gehirn abgelegten Sinns. Beide Routen werden bedarfsabhängig abwechselnd benutzt, sodass der Lesefluss nicht unterbrochen werden muss.

Das Leseverständnis hängt stark davon ab, in welcher Sprache gelesen wird. Nicht verwunderlich ist, dass eine Sprache, die dem Leser nicht als Muttersprache vertraut ist, dem Verständnis abträglich ist. Weiterhin stellen Gabrieli et al. fest, dass darüber hinaus gehend Sprachen eine unterschiedliche Lerndauer bis zu ihrem Beherrschen bedingen. In [6] wird hierzu, mit Referenz auf [5], der Vergleich zwischen drei Sprachen gezogen: ein typisches Kind kann innerhalb eines Jahres in italienischer Sprache lesen lernen. Für Englisch braucht es hingegen drei Jahre und für Mandarinchinesisch sogar zehn [6, S. 121]. Der Unterschied wird derart begründet, dass das Italienische eher phonologische Hirnregionen fordert, wohingegen das Englische eher abrufende, erinnernde Hirnregionen bemüht. Mandarinchinesisch fordert, bedingt durch die logografische Darstellung der Zeichen mit hohem Informationsgehalt, eher visuell-erinnernde Regionen (vergleiche [6] mit Verweis auf [12]).

Programmiersprachen Der Sinn von Quelltext ist die Beschreibung symbolischer Platzhalter und deren Beziehungen untereinander unter Zuhilfenahme von Instruktionen und Relationen einer abstrakten Rechnerarchitektur. Problematisch ist hierbei, dass Quelltext nicht fließend gelesen werden kann, um dadurch dessen Funktionsweise zu ergründen. Die Darstellung suggeriert eine Kontinuität, die nicht vorhanden ist: Quelltext wird in eine sequentielle Befehlsfolge von Rechnerinstruktionen und Speicherstellen übersetzt, die ein Rechner dann ausführen kann. Hier erfolgen Sprünge (*Funktionsaufrufe*) und Wiederholungen (*Schleifen*), die sich eines kontinuierlichen Leseflusses und damit einhergehender Verstehbarkeit völlig entziehen. Ferner ist die Darstellung von Speicherstellen (*Variablen* und *Objekte*) zur Differenzierbarkeit mit willkürlich vergebenen Namen umschrieben, um nicht direkt auf Speicheradressen des Rechners verweisen zu müssen, welche noch schwieriger nachzuvollziehen wäre. Neuere Konzepte wie grafische Darstellungen von Programmbeschreibungen (beispielsweise die kommerziellen Lösungen *LabVIEW* und *Simulink*) umgehen diese Nachteile teilweise.

Um die aufgeführten Schwächen zu umgehen, wurden Hilfskonstrukte eingeführt, welche von der textuellen Wahrnehmung eine leichte Verschiebung hin zur objektbasierten Wahrnehmung bieten. Dies sind beispielsweise Formatierungen wie Einrückungen, um die hierarchische Tiefe eines Programmkodes nachvollziehbar zu machen. Weiterhin bieten Quelltexteditoren unterschiedliche Kennzeichnungen zur Hervorhebung von Befehlen, beispielsweise durch Farben oder Variationen der Schrift selbst.

Baddeleys Arbeitsgedächtnismodell Ein weiteres Puzzlestück zum Verständnis der Wahrnehmung des menschlichen Geistes lieferten Baddeley und Hitch mit ihrem Arbeitsgedächtnismodell [3]. Dieses bietet, im Gegensatz zu den vorgenannten Erklärungsansätzen, ein hierarchisches, domänenorientiertes und systemisches Erklärungsmodell und unterstützt so das Gesamtverständnis der Zusammenwirkung verschiedener sensorischer Reize auf die Wahrnehmung. Es besteht aus vier Komponenten. Die *phonologische Schleife* hält die akustische Wahrnehmungsverarbeitung und Sprachproduktion vor und umfasst eine Kapazität von einer bis zwei Sekunden lautmalerischer Information. Wahrgenommene Laute, beispielsweise als visueller Reiz in Schriftform oder als akustische Information über das Gehör, müssen zunächst in Sprachlaute umgewandelt werden, was bereits im Vorfeld passiert. Der *visuell-räumliche Notizblock* zeichnet verantwortlich für die visuelle Wahrnehmung und erfüllt eine ähnliche Funktion wie die phonologische Schleife. Diese Komponente lässt sich in zwei Verarbeitungseinheiten unterteilen: eine für visuelle Information wie Form, Farbe und Muster und eine für räumliche Information wie Position und Bewegung von Objekten. Die *zentrale Exekutive* dient als Bindeglied des Arbeitsgedächtnisses zum Langzeitgedächtnis sowie der Verwaltung längerer Informationen, als sie in der phonologischen Schleife oder dem visuell-räumlichen Notizblock gespeichert werden können. So können Aufgaben, wie beispielsweise mathematische Berechnungen oder das Verfassen von Texten, in der zentralen Exekutive koordiniert und in kleinere Informationspakete für die Abarbeitung in den betreffenden Komponenten zerlegt werden. Der *episodische Puffer* wurde durch Baddeley erst später hinzugefügt, da offenbar geworden war, dass nicht alle beobachteten Wahrnehmungsphänomene durch das ursprüngliche Modell mit drei Komponenten erklärt werden konnten. Beispielsweise sollte bei gleichzeitiger Wiederholung einer inhaltlich irrelevanten lautmalerischen Information die Merkfähigkeit für neue phonematische Informationen dramatisch einbrechen. Tatsächlich konnte in Tests ein Einbruch der Merkfähigkeit beobachtet werden, allerdings nicht so dramatisch, wie das ursprüngliche Modell dies nahegelegt hätte [2]. Ein Puffersystem sollte hier als Erklärung Abhilfe schaffen, welches kombinierte Informationen in Form von zusammenhängenden Episoden speichern kann. Der episodische Puffer erklärt auch, wieso unzusammenhängende Informationen, wie beispielsweise Zahlen, nach Miller in Gruppen von um die fünf Elemente merkbar sind, während zusammenhängende Wörter, wie beispielsweise ganze Sätze, mit um die fünfzehn Elemente oder sogar mehr gemerkt werden können. Dies lässt den Schluss zu, dass *Zusammenhang* der essentielle Faktor für Verstehbarkeit und Merkbarkeit ist.

Schlussfolgerungen für die Komplexitätsbewertung sicherheitsgerichteter Systeme Aus den Erkenntnissen obigen Exkurses zur menschlichen Informationswahrnehmung und -verarbeitung lassen sich nun verwertbare Schlüsse ziehen. Auf einer Abstraktionsebene sollten nicht mehr als sieben gleichwertige Elemente präsentiert werden, idealerweise nicht mehr als vier (*Magische Zahl*). Um fehlerarm prüfbar zu sein, sollten schriftsprachliche Texte möglichst in der

Muttersprache vorliegen. Ersatzweise ist eine möglichst nahe Entsprechung zur Muttersprache zu finden, beispielsweise die am nächsten geläufige Sprache. Da dies in der Regel die englische Sprache ist, welche mitunter mehrdeutig ausfallen kann, geht hier der Appell in die Richtung, eindeutigere Sprachen zu lernen und zu verwenden. Italienisch erscheint im westlichen Kontext beispielsweise als mehrdeutungsfreiere, lebende Alternative (*Der lesende Geist*). Bei der Verwendung von Programmiersprachen ist es ferner hilfreich, diese möglichst lesbar zu gestalten. Dies ist möglich mit Hilfe geeigneter Programmiersprachen, sprechender Variablen-, Klassen- und Befehlsnamen, angemessener Formatierungen zur visuellen Abhebung der Verschachtelungstiefe und farblichen Herausstellens von Befehlen, Bezeichnern und Hierarchien. Ebenfalls für Programmiersprachen bietet sich an, die hierarchische Aufteilung in Module, Funktionen pro Quelltextdatei, Parametern pro Funktion an der *magischen Zahl* zu orientieren, diese also möglichst niedrig zu halten beziehungsweise hierarchisch so zu gestalten, dass sie in der Breite und Tiefe ausgewogen ist.

Aus den genannten Schlussfolgerungen lassen sich zwei Kategorien extrahieren, die zur Anforderungsableitung an eine Metrik verwendet werden können. Der *hierarchische Zugang* zu einem Entwurfsartefakt einerseits, dargestellt durch die funktionale Aufteilung und Strukturierung und repräsentiert durch ein hierarchietragendes Element wie beispielsweise ein Kapitel, ein Softwaremodul oder ein Hardwarebaustein, sowie der *inhaltliche Zugang* zu einem Entwurfsartefakt andererseits, repräsentiert durch inhaltstragende Elemente wie beispielsweise Anforderungen, Softwareprozeduren oder Hardwareprozessbeschreibungen. Die Kategorien verhalten sich hierbei derart, dass die hierarchische Darstellung einen Rahmen bietet, in welchem die eigentlichen Inhalte, dargestellt durch beschreibenden Text oder grafische Darstellungen, eingebettet sind. Text oder Grafik sind dann inhaltstragende Bausteine, deren Lesbarkeit und visuelle Verstehbarkeit messbar gemacht werden können. Während die hierarchische Darstellung die Verstehbarkeit des Gesamtkonstruktes auf der Ebene der funktionalen Aufteilung zugänglich macht, sind die funktionalen Inhalte über Text- und Grafikbausteine zugänglich und hierüber verständlich.

3.2 Eine Komplexitätsmetrik auf Grundlage der menschlichen kognitiven Wahrnehmung

Seien

- $n_v \in \mathbb{N}$ die Anzahl der informationstragenden Elemente,
- $I_i \in \mathbb{R}_0^+$ der *Informationsgehalt* des i-ten informationstragenden Elements,
- $Z_i \in \mathbb{R}^+$ die dem Verständnis zuträgliche *kognitive Zugänglichkeit* des i-ten informationstragenden Elements,
- $n_m \in \mathbb{N}$ die Anzahl der hierarchietragenden Elemente,
- $\mu \in \{3, 4, 5\}$ die konkrete Implementierung der „magischen Zahl" und
- $E_i \in \mathbb{N}, E_i \geq \mu$ die Anzahl der hierarchietragenden Elemente direkt unterhalb des i-ten hierarchischen Elementes

eines zu betrachtenden Zielsystems im Quelltext, das heißt einer beschreibenden Form, die in der Regel nicht direkt ausführbar ist und alle zum Verständnis über die Funktionsweise benötigten Informationen in menschenlesbarer Form enthält. So beschreiben

- $\sum_{i=1}^{n_v} \frac{I_i}{Z_i}$: die Komplexität der informationstragenden Elemente des Betrachtungsgegenstandes (Informationsinhaltsmetrik),
- $\sum_{i=1}^{n_v} (I_i - \mu)$: die Komplexität, die durch die dem Verständnis abträgliche Abweichung der Informationsmenge von der Idealvorstellung herrührt (Informationsmengenmetrik),
- $n_m + n_v$: die Komplexität, die durch den hierarchischen Umfang des Betrachtungsgegenstandes entsteht (Umfangsmetrik) sowie
- $\sum_{i=1}^{n_m} (E_i - \mu)$: die Komplexität, die durch die dem Verständnis abträgliche Abweichung der Hierarchie von der Idealvorstellung herrührt (Ebenenmetrik).

Erläuterung der Informationsinhaltsmetrik Die Komplexität der informationstragenden Elemente setzt sich zusammen aus der Summe der Einzelkomplexitäten aller informationstragenden Elemente. Die Komplexität eines abgeschlossenen informationstragenden Elements, beispielsweise einer sequentiellen Befehlsfolge in einem Programm für einen Mikroprozessor, besteht aus zwei Elementen. Der Zähler I_i ist Träger des *Informationsgehaltes* des i-ten informationstragenden Elements und beschreibt das inhaltliche „Was". Dies kann durch dem Anwendungsfall angemessene Metriken ausgedrückt werden, beispielsweise in einfachen Fällen die Anzahl der Befehlszeilen, in anspruchsvolleren die Halstead-Metrik, die zyklomatische Komplexität oder andere. Der Nenner $Z_i \neq 0$ beschreibt die dem Verständnis zuträgliche *kognitive Zugänglichkeit* des i-ten informationstragenden Elements und ist ein Maß für die Einfachheit der Darstellung des Inhalts, dem „Wie". Die inhaltliche Darstellung kann anhand von Satzschablonen, Programmierrichtlinien, Formatierungsvorgaben (beispielsweise Einrückungen) oder der Verständlichkeit der jeweiligen Programmiersprache gemessen und ausgedrückt werden.

Erläuterung der Informationsmengenmetrik Nach dem Konzept der magischen Zahl sowie der Simultanerfassung ergibt sich ein signifikanter Einbruch der Qualität der spontanen Erfassung gleichwertiger Elemente ab einer Anzahl von circa drei. Somit ist naheliegend, dass die Erfassbarkeit von Funktionalität auf inhaltlicher Ebene und damit deren Verstehbarkeit ebenfalls dramatisch einbricht, sobald diese Grenzanzahl überschritten wird. Die Informationsmengenmetrik trägt diesem Umstand Rechnung, indem sie Abweichungen bei der inhaltlichen Größe eines jeden informationstragenden Elementes zu der idealen Anzahl bestraft. Da eine Abweichung nach unten, also eine Anzahl kleiner als die Grenzanzahl, dem Verständnis eher zugute kommt, werden nur Abweichungen nach oben gezählt.

Erläuterung der Umfangsmetrik Wie die reine Menge an Information, so erhöht auch die Menge an Hierarchie, beispielsweise in Form von Unterkapiteln, Dateien oder Modulen die Gesamtkomplexität, da hierdurch eine spontane Erfassbarkeit des Ganzen erschwert wird. Der Zahlenwert ergibt sich trivial aus der Summe der Anzahl an hierarchietragenden und inhaltstragenden Elementen.

Erläuterung der Ebenenmetrik Die Ebenenkomplexitätsmetrik bestraft, ähnlich der Informationsmengenmetrik, Abweichungen zur idealen Größe, festgelegt durch die konkrete Implementierung der magischen Zahl. Hierbei geht es allerdings um die Bestimmung von Abweichungen im hierarchischen Kontext. Bestimmt wird für jedes hierarchietragende Element, wieviele hierarchie- und inhaltstragende Elemente direkt unterhalb diesem Element liegen. Dies ist nötig, weil die Erfassbarkeit hierarchischer Strukturen dramatisch abnimmt, je größer die Anzahl der zu erfassenden Elemente ist. Die Einordnung in den Gesamtkontext fällt schwerer und die Partitionierung in Unterhierarchien macht die Informationsdarstellung kleinteiliger. Auch hier werden Abweichungen nach unten, also eine Anzahl kleiner als die Grenzanzahl, nicht gezählt, da diese dem Verständnis zugute kommen.

Zusammengefasste Darstellung der Komplexitätsmetrik Die Summe der betrachteten Teilkomplexitätsmetriken führt zusammenfassend zu folgender Domänenkomplexitätsmetrik:

$$M_{kD} = \sum_{i=1}^{n_v} \frac{I_i}{Z_i} \cdot v + \sum_{i=1}^{n_v} (I_i - \mu) \cdot w + (n_m + n_v) \cdot b + \sum_{i=1}^{n_m+n_v} (E_i - \mu) \cdot m \quad (1)$$

was die Komplexitätsmetrik für eine Domäne des vorliegenden Betrachtungsgegenstandes beschreibt. Die Faktoren v, w, b und m stellen zum aktuellen Zeitpunkt unbestimmte Gewichtungen dar. Es besteht die Möglichkeit, dass beispielsweise die errechnete Umfangskomplexität in einer gewissen Höhe eine andere Komplexität in der kognitiven Wahrnehmung hat als die der informationstragenden Elemente in Höhe derselben Maßzahl. Daher müssen in hinreichend repräsentativen, empirischen Erhebungen eben diese Faktoren erforscht werden, sodass keinem der Summanden eine zu stark abweichende Gewichtung zugesprochen wird.

Die Gesamtkomplexitätsmetrik M_k für ein System bestehend aus Spezifikations-, Hardware- und Softwareanteilen lässt sich dann aus der Summe der Komplexitätsmetriken der Domänen bilden:

$$M_k = M_{kS} + M_{kV} + M_{kH} \quad (2)$$

mit der Komplexitätsmetrik des Gesamtsystems M_k, der Spezifikationsdomäne M_{kS}, der Verhaltensbeschreibungsdomäne M_{kV} und der Hardwarebeschreibungsdomäne M_{kH}.

Kritische Diskussion der Metrik Zunächst wird jede Teilsumme der Metrik ähnlich gewichtet. Dies führt zur Unterstellung, dass sowohl inhaltliche Komplexität genauso viel Gewicht für Verstehbarkeit erlangt wie beispielsweise die Komplexität, welche durch den hierarchischen Umfang entsteht. Eine inhaltsbezogene Komplexität mit einem Wert von beispielsweise 5000 wäre somit identisch zu einem Wert von 5000 für die Komplexität des hierarchischen Umfangs. Dies ist allenfalls eine Annahme und durch weiterführende Untersuchungen zu untermauern oder gegebenenfalls anzupassen. Hierfür sind empirische, psychisch-kognitive Erhebungen mit hinreichend großen und diversen Experimentalgruppen vonnöten, um aussagekräftige Ergebnisse zu erhalten. Hilfsweise wurden daher die multiplikativen Faktoren v, w, b und m eingefügt, um diese Schwäche zu kompensieren.

Literaturverzeichnis

1. E. Awh, B. Barton, and E.K. Vogel: *Visual working memory represents a fixed number of items regardless of complexity.* In: Psychological Science, Vol. 18, Nr. 7, S. 622–628. 2007
2. A.D. Baddeley: *The episodic buffer: A new component of working memory?* In: Trends in Cognitive Sciences, Vol. 4, Nr. 11, S. 417–423. November 2000
3. A.D. Baddeley and G. Hitch: *Working Memory.* In: G.H. Bower (Hrsg.): The Psychology of Learning and Motivation: Advances in Research and Theory, Vol. 8, S. 47–89. Academic Press, New York. 1974
4. S. Dehaene: *The Number Sense: How the Mind Creates Mathematics.* Oxford University Press, New York. 2011
5. N.C. Ellis, M. Natsume et al.: *The effects of orthographic depth on learning to read alphabetic, syllabic, and logographic scripts.* In: Reading Research Quarterly, Vol. 39, Nr. 4, S. 438–468. Oktober 2004
6. J. Gabrieli, J.A. Christodoulou et al.: *The Reading Brain.* In: D.A. Sousa (Hrsg.): Mind, Brain, and Education: Neuroscience Implications for the Classroom, S. 113–136. Solution Tree Press, Bloomington. 2010
7. M.H. Halstead *Elements of software science.* Elsevier, New York. 1977
8. S.C. Johnson: *Lint, a C Program Checker.* Bell Laboratories. New Jersey. 1978
9. T.J. McCabe: *A complexity measure.* In: IEEE Transactions on Software Engineering, Vol. 2, Nr. 4, S. 308–320. Dezember 1976
10. G.A. Miller: *The magical number seven, plus or minus two: Some limits on our capacity for processing information.* In: The Psychological Review, Vol. 63 Nr. 2, S. 81–97. März 1956
11. J.N. Rouder, R.D. Morey et al.: *An assessment of fixed-capacity models of visual working memory.* In: Proceedings of the National Academy of Sciences of the United States of America, Vol. 105, Nr. 16, S. 5975–5979. April 2008
12. E. Paulesu, E. McCrory et al.: *A cultural effect on brain function.* In: Nature Neuroscience, Vol. 3, Nr. 1, S. 91–96. Springer Nature. Januar 2000
13. R.M. Shiffrin and R.M. Nosofsky: *Seven plus or minus two: A commentary on capacity limitations.* In: Psychological Review, Vol. 101, Nr. 2, S. 357–361. 1994

Tutorial OpenPEARL

Rainer Müller[1] und Marcel Schaible[2]

[1] Hochschule Furtwangen, Fakultät Informatik, 79120 Furtwangen
`mueller@hs-furtwangen.de`
[2] Lehrgebiet Kommunikationsnetze
FernUniversität in Hagen, 58084 Hagen
`marcel.schaible@fernuni-hagen.de`

1 Einleitung

OpenPEARL ist ein Übersetzer für die Programmiersprache PEARL90. Auf dem Workshop *Echtzeit 2012 – Kommunikation unter Echtzeitbedingungen* wurde der Arbeitskreis OpenPEARL gegründet. Der Auslöser war die eingeschränkte Verfügbarkeit des bis dahin verwendeten *Werum-Compilers*, welcher lange Zeit eine gute Basis für die Ausbildung an den Hochschulen darstellte. Die Fa. Werum hat freundlicherweise die Linuxversion für nicht kommerzielle Anwendungen freigegeben. Die rasante Entwicklung im Linux Bereich führte mittelfristig jedoch immer wieder zu Problemen im Laufzeitsystem. Dadurch waren nur relativ betagte Linuxdistributionen verwendbar. Die Autoren sehen in PEARL eine ausgezeichnete Programmiersprache für die Ausbildung, sofern ein für Studierende einfach zugänglicher Compiler verfügbar ist. Damit war die Idee geboren, einen Übersetzer mit zugehörigen Laufzeitsystem unter einer Open-Source Lizenz für Ausbildungszwecke bereitzustellen. Mit der Einschränkung auf den Ausbildungsbereich wird unter anderem ein Haftungsausschluss erreicht.

Dieses Tutorial beginnt mit kurz erläuterten Beispielen. Längere Erklärungen wie z. B. zum Ein- und Ausgabesystem sind in nachgelagerten Kapiteln zu finden.

1.1 Zielgruppe dieses Tutorials

Dieses Tutorial geht davon aus, dass zumindest eine Programmiersprache wie C, C++ oder Java gut bekannt ist. Falls jemand sich noch an FORTRAN oder ALGOL68 erinnert, so bestehen gute Chancen, einige Elemente wiederzuerkennen. Kenntnisse im Umgang mit Rechnerhardware sind sicherlich nützlich, aber nicht notwendig. Dies wird in Kapitel 4 behandelt. Erfahrungen mit der parallelen Programmierung sind notwendig. Der Umgang mit Threads, die Notwendigkeit von Synchronisation sowie Begriffe wie *race conditions* und *dead locks* sollten für den geneigten Leser keine Probleme darstellen. PEARL arbeitet nach dem Konzept der statischen Prioritäten und Synchronisation per Semaphore. Diese Verfahren sind bei jedem multitaskingfähigen Betriebssystem verfügbar.

Springer Fachmedien Wiesbaden GmbH, ein Teil von Springer Nature 2021
H. Unger (Hrsg.), *Echtzeit 2020*, Informatik aktuell,
https://doi.org/10.1007/978-3-658-32818-4_12

2   Beispielprogramme in PEARL

2.1   Hello World

Das bekannte *Hello World* Programm ist in Listung 2 komplett dargestellt.

Listing 2. Hello World Programm

```
 1  MODULE(m_helloWorld);
 2
 3  SYSTEM;
 4    ! Definition der Systemgeraete
 5    so: StdOut;   ! Linux stdout-Kanal
 6
 7  PROBLEM;
 8    SPC so DATION OUT SYSTEM ALPHIC;
 9    !                       ^^^^^^^ formatierte Ausgabe
10
11    DCL stdOut DATION OUT ALPHIC
12        DIM(*,80) ! 80 Zeichen pro Zeile; sehr viele Zeilen
13        FORWARD   ! nur sequentieller Zugriff
14        CREATED(so);
15
16
17  helloWord: TASK MAIN;
18             !      ^^^^ wird automatisch gestartet
19      OPEN stdOut;
20      PUT 'hello world' TO stdOut BY A, SKIP;
21      CLOSE stdOut;
22  END;
23
24  MODEND;
```

MODULE und MODEND klammern ein PEARL-Modul. Nach SYSTEM werden die Systemelemente, wie hier der Standardausgabekanal, einem Bezeichner zugeordnet. Im PROBLEM-Abschnitt werden die Systemschnittstellen, welche mit anwendungsspezifischen Bezeichnern angesprochen werden, konfiguriert. In dem Programm wird z. B. eine Datenstation (DATION) mit formatierter Ausgabe (OUT und ALPHIC) definiert. Das Attribut SYSTEM wurde bei OpenPEARL eingeführt, um eine klare Trennung zu den sogenannten *user dations* zu erreichen.

Um tatsächlich die Schnittstelle zu nutzen, muss die sogenannte *user dation* angelegt werden, welche weitere Eigenschaften wie Zeilenbreite und Positionierbarkeit festlegt. Details zur Ein- und Ausgabe werden in Kapitel 4 behandelt.

Die Anwendung besteht hier aus einer einzigen Task, die automatisch gestartet wird (MAIN). Die Datenstation wird geöffnet, ein Text ausgegeben und gleich wieder geschlossen. Die Task beendet sich selbst, sobald sie die END-Anweisung erreicht.

2.2   Felder als Prozedurparameter

In PEARL stehen die üblichen Mechanismen für die Parameterübergaben *call-by-value* und *call-by-reference* zur Verfügung. Felder können nur per Adresse (IDENT) als Funktions- oder Prozedurparameter übergeben werden. Dabei ist für PEARL charakteristisch, dass lediglich die Anzahl der Dimensionen und der

Typ der Felder von Bedeutung sind. Die konkreten Indexbereiche werden implizit mit übergeben.

Listing 3 zeigt einen passenden Ausschnitt aus einem PEARL-Programm.

Listing 3. Löschen einer Matrix

```
2   ...
3   fillMatrix: PROC(x(,) FIXED IDENT);
4       PUT '----------------' TO stdOut BY A, SKIP;
5       PUT '[',1 LWB x,':',1 UPB x,',' ,2 LWB x,':',2 UPB x, ']'
6       TO stdOut BY A, F(4),A,F(4),A,F(4),A,F(4),A,SKIP;
7
8       FOR i FROM 1 LWB x TO 1 UPB x REPEAT
9           !                  ^^^^^ obere Grenze des ersten Index
10          !          ^^^^^ untere Grenze des ersten Index
11          FOR j FROM 2 LWB x TO 2 UPB x REPEAT
12              x(i,j) = 0;
13          END;
14      END;
15  END;
16
17  ttt: TASK MAIN;
18      DCL m1(1:5,3:9) FIXED;
19      DCL m2(10,10) FIXED;
20
21
22      fillMatrix(m1);
23      fillMatrix(m2);
24      ...
25  END;
26  ...
```

Die Operatoren UPB und LWB liefern die obere und untere Grenze des angegebenen Index. Die Ausgabe sieht dann so aus:

```
----------------
[   1:   5,   3:   9]
----------------
[   1:  10,   1:  10]
```

2.3 Nutzung von Interrupts

Unter Interrupts werden asynchrone – meist von extern ausgelöste – Ereignisse verstanden.

Bei Linux werden derartige Ereignisse unter dem Begiff signal verarbeitet. Diese Ereignisse treten üblicherweise asynchron z. B. über eine Tastatureingabe auf. Über den Eintrag UnixSignal im Systemteil werden diese Ereignisse aus der normalen UNIX-Welt PEARL zugänglich gemacht.

Listing 4. Beispiel: Interrupts in PEARL

```
    MODULE (UnixSignal);
2   SYSTEM;
        ctrlc: UnixSignal(2);       ! ^C
4       quit: UnixSignal(3);        ! ^\
        so: StdOut;
```

```
 6
   PROBLEM;
 8
     SPC ctrlc INTERRUPT;
10   SPC quit INTERRUPT;

12   SPC so DATION OUT SYSTEM ALPHIC;

14   DCL stdout DATION OUT ALPHIC DIM(*,80) FORWARD
         CREATED(so);
16
   t1: TASK MAIN;
18
     OPEN stdout;
20
     ! langer Text ueber 2 Zeilen wird mit '\ 20 \'
22   ! (ein Leerzeichen) umgebrochen
     PUT 'wait for ^C and ^'\5C\' and start a dedicated task'\
24       20 \' which echos the reception '
     TO stdout BY A, SKIP;
26
     PUT 'after 30 SEC the application terminates'
28   TO stdout BY A, SKIP;

30
     ENABLE quit;
32   ENABLE ctrlc;

34   WHEN quit ACTIVATE tQuit;
     WHEN ctrlc ACTIVATE tCtrlc;
36
     AFTER 30 SEC RESUME;
38   PREVENT tQuit;
     PREVENT tCtrlc;
40
   END;
42
   tQuit: TASK;
44   PUT 'quit received' TO stdout BY A, SKIP;
   END;
46
   tCtrlc: TASK;
48   PUT 'ctrlc received' TO stdout BY A, SKIP;
   END;
50
   MODEND;
```

Dieses Programm wartet 30 Sekunden auf zwei dieser Interrupts und beendet sich dann automatisch. Wenn während dieser Zeit diese Ereignisse auftreten, so werden diese auf dem Ausgabekanal gemeldet.

Mit der ENABLE-Anweisung wird die Registrierung eingeschaltet. Mit der WHEN ... ACTIVATE-Anweisung wird jeweils eine Taskaktivierung eingeplant. Mit PREVENT werden die WHEN-Einplanungen wieder gelöscht. Für Testzwecke steht noch die Anweisung TRIGGER bereit.

Bei Digitaleingaben ist es oft möglich, einen Prozessorinterrupt bei Signalwechsel zu erzeugen. Über entspechende Systemgeräte werden diese dann auch dem PEARL-Anwender bereitgestellt. Bei der LPC1786 Zielplattform wurden derartige Interrupts über den Systemteileintrag bekannt gemacht.

```
taste1: Lpc17xxInterrupt(2,11);  ! Port 2 Bit 11
int0: Lpc17xxInterrupt(2,10);    ! Port 2 Bit 10
```

Für den Raspberry Pi ist dies auch in Planung.

2.4 Das Task-Konzept

Bei der parallelen Verarbeitung ist die Ausführung der nebenläufigen Tasks abhängig von der häufig zufälligen und statistischen Verteilung von externen Ereignissen.

Wichtig ist hier festzuhalten, dass dieses inhärent nichtdeterministische Auftreten von externen Ereignissen ohne geeignete Maßnahmen zu unvorhersagbaren Berechnungsergebnissen führen kann.

Um dies zu verhindern, müssen die Tasks synchronisiert werden. Dies ist notwendig bei z. B.

- dem parallelen Zugriff auf gemeinsame Ressourcen
- der Implementation von logischen Abhängigkeiten von Tasks

Grundlegend können folgende zwei Synchronisationsprobleme bei nebenläufigen Echtzeitsystemen unterschieden werden:

- symmetrisch: Das Problem des wechselseitigen Auschlusses, wobei mehrere Tasks auf geteilte Ressourcen zugreifen möchten.
- asymmetrisch: Die asynchrone Kommunikation von mehreren Tasks wie z. B. beim Erzeuger-Verbraucher Problem.

In PEARL werden Task und Semaphore, wie in Listing 5 gezeigt wird, spezifiziert. In Zeile 2 stehen die Deklarationen einer Semaphore mit einem Initialwert von 1 und in Zeile 4 eine Task mit einer Priorität von 10. Zusätzlich wartet die Task in Zeile 5 vor dem Betreten des kritischen Abschnittes auf das Freiwerden der Semaphore, belegt diese dann und gibt sie in Zeile 11 wieder frei. Danach wird in Zeile 14 die Task suspendiert und nach $1s$ fortgesetzt.

Listing 5. Task und Semaphore

```
1   ...
2   DCL sema SEMA PRESET(1);
3   ...
4   task1: TASK PRIO 10;
5       REQUEST sema
6
7       !!!!!!!!!!!!!!!!!!!!!!!
8       ! kritischer Abschnitt
9       !!!!!!!!!!!!!!!!!!!!!!!
10
11      RELEASE sema;
12
13      ! Taskeinplanung
14      AFTER 1 SEC RESUME;
15  END;
16  ...
```

Mit sogenannten Einplanungen lassen sich Tasks z. B. in festen zeitlichen Abständen immer wieder starten, oder sobald ein externes Ereignis, welches in PEARL als `INTERRUPT` bezeichnet wird, eintritt. Beispiel für regelmäßige Belüftung um 9:45, 10:15, 10:45, 11:15

```
AT 9:45:00 ALL 30 MIN UNTIL 11:16:00 ACTIVATE openWindow;
```

2.5 Das Erzeuger-Verbraucher Problem

Die Erzeuger- und Verbrauchertask teilen sich einen gemeinsamen in der Größe beschränkten Pufferspeicher. Der Erzeuger generiert Daten und legt diese in dem Puffer ab. Der Verbraucher entnimmt diese Daten und verarbeitet sie. Da der Erzeuger die Daten ggf. schneller generieren als der Verbraucher sie verarbeiten kann, wird ein Zwischenpuffer benötigt. Im allgemeinen können natürlich auch mehrere Erzeuger und Verbraucher betrachtet werden. Da Verbraucher und Erzeuger potentiell gleichzeitg den gemeinsamen Puffer verändern können, muss ein Synchronisationverfahren unter Zuhilfenahme von Semaphoren zur Lösung dieses Problems eingeführt werden. Insbesondere muss das Verfahren sicherstellen, dass der Erzeuger nicht versucht, Daten in einen bereits vollen Puffer einzufügen und der Erzeuger nicht versucht, Daten aus einem leeren Puffer zu lesen. Im Programmlisting 6 wird eine mögliche Lösung für einen Erzeuger und einen Verbraucher dargestellt. Das Programm kann einfach auf beliebig viele Erzeuger und Verbraucher erweitert werden. Zunächst wird die Terminal-Dation zur Ausgabe (Zeile 6 und 7) angelegt. Danach werden in den Zeilen 12 bis 14 die beötigten Semaphoren deklariert:

— `semaWrite` enthält die aktuell noch freien Plätze im Pufferspeicher
— `semaRead` überwacht den lesenden Zugriff auf den Puffer
— `semaWrite` überwacht den schreibenden Zugriff auf den Puffer
— `semaWait` regelt den koordinierten Zutritt in die kritischen Bereiche in den Zeilen 27 bis 30 bzw. 48 bis 50

Damit das Beispielprogramm terminiert, werden nur 10 Datenelemente erzeugt und verbraucht.

Listing 6. Erzeuger-Verbraucher Problem

```
 1 MODULE(ProducerConsumer);
 2 SYSTEM;
 3    stdout: StdOut;
 4
 5 PROBLEM;
 6    SPC stdout DATION OUT SYSTEM ALPHIC GLOBAL;
 7    DCL termout DATION OUT ALPHIC DIM(*, 80) FORWARD STREAM
          CREATED(stdout);
 8
 9    DCL MAXBUFFER INV FIXED INIT(5);
10    DCL buffer(0:MAXBUFFER-1) FIXED;
11
12    DCL semaWrite SEMA PRESET(5);
13    DCL semaRead  SEMA PRESET(0);
```

```
14    DCL semaWait   SEMA PRESET(1);
15
16    DCL bufferIn FIXED INIT(1);
17    DCL bufferOut FIXED INIT(1);
18    DCL counter FIXED INIT(0);
19
20 producer: TASK PRIO 5;
21    TO 10 REPEAT
22        PUT 'Producer bufferIn=', bufferIn, ': counter=',
              counter TO termout BY A, F(1), A, F(1), SKIP;
23
24        REQUEST semaWrite;
25        REQUEST semaWait;
26
27        counter := counter + 1;
28        buffer(bufferIn) := counter;
29
30        bufferIn := (bufferIn +1) REM MAXBUFFER;
31
32        RELEASE semaWait;
33        RELEASE semaRead;
34
35        AFTER 0.5 SEC RESUME;
36    END;
37 END;
38
39 consumer: TASK PRIO 5;
40    DCL item FIXED INIT(0);
41
42    TO 10 REPEAT
43        PUT 'Consumer bufferOut=', bufferOut, ': counter=',
              counter TO termout BY A, F(1), A, F(1), SKIP;
44
45        REQUEST semaRead;
46        REQUEST semaWait;
47
48        item := buffer(bufferOut);
49
50        bufferOut := (bufferOut +1) REM MAXBUFFER;
51
52        RELEASE semaWait;
53        RELEASE semaWrite;
54    END;
55 END;
56
57 main: TASK PRIO 1 MAIN;
58    OPEN termout;
59    PUT 'Start producer and consumer tasks:' TO termout BY A,
          SKIP;
60
61    ACTIVATE producer;
62    ACTIVATE consumer;
63 END;
64
65 MODEND;
```

2.6   Das Problem der speisenden Philosophen

Das folgende Gedankenexperiment verdeutlicht die Wichtigkeit der Synchronisation von kommunizierenden Prozessen. Bei dem Problem der speisenden Philosophen sitzen die Protagonisten, fünf Philosophen, um einen runden Tisch mit jeweils einem Teller Reis und rechts und links einem Essstäbchen. Die Philosophen haben die zwei abwechselnden Aufgaben *denken* und *essen*. Will ein Philosoph essen, benötigt er zwei Stäbchen und muss damit diese mit seinem rechten und linken Sitznachbar teilen. Auch wenn das Beispiel zunächst sehr konstruiert erscheinen mag, illustriert es jedoch die grundlegenden Konzepte der parallelen Programmierung. Die Philosophen repräsentieren dabei unterschiedliche Prozesse oder Tasks und konkurrieren um gemeinsame Ressourcen, die Essstäbchen.

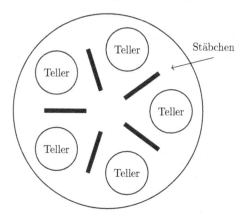

Abb. 1. Das Problem der speisenden Philosophen

Eine Lösung des Problems in PEARL wird in dem Programmlisting 7 gezeigt.

In den Programmzeilen 10 bis 14 wird zunächst für die fünf verfügbaren Essstäbchen jeweils eine Semaphore deklariert. Die Prozeduren `eat` und `think` verdeutlichen den Ablauf durch Ausgabe entsprechender Meldungen auf dem Terminal. Die Tasks `taskPhilo1` bis `taskPhilo5` repräsentieren die fünf Philosophen. Damit das Beispiel terminiert, versucht jeder Philosoph jeweils dreimal zu essen. Dazu fordert der jeweilige Philopsoph über die entsprechenden Semaphoren seine vor ihm liegenden Essstäbchen an. Bekommt er diese zugeteilt, dann wird die Prozedur `eat` aufgerufen. Danach werden die Sempahoren wieder freigegeben und der jeweilge Philosoph geht seiner Lieblingstätigkeit `think` nach.

Listing 7. Speisende Philosophen

```
1    MODULE(philosophers);
2
3    SYSTEM;
```

```
 4      stdout: StdOut;
 5
 6   PROBLEM;
 7      SPC stdout DATION OUT SYSTEM ALPHIC GLOBAL;
 8      DCL termout DATION OUT ALPHIC DIM(*, 80) FORWARD
             STREAM CREATED(stdout);
 9
10      DCL semaFork1 SEMA PRESET(1);
11      DCL semaFork2 SEMA PRESET(1);
12      DCL semaFork3 SEMA PRESET(1);
13      DCL semaFork4 SEMA PRESET(1);
14      DCL semaFork5 SEMA PRESET(1);
15
16      eat: PROC(num FIXED);
17         PUT 'Philosopher #', num, ': I am eating!' TO
             termout BY A, F(1), A, SKIP;
18         AFTER 0.5 SEC RESUME;
19      END;
20
21      think: PROC(num FIXED);
22         PUT 'Philosopher #', num, ': I am thinking!' TO
             termout BY A, F(1), A, SKIP;
23         AFTER 1 SEC RESUME;
24      END;
25
26      taskPhilo1: TASK PRIO 5;
27         TO 3 REPEAT
28            REQUEST semaFork1, semaFork5;
29            CALL eat(1);
30            RELEASE semaFork1, semaFork5;
31            CALL think(1);
32         END;
33      END;
34
35      taskPhilo2: TASK PRIO 5;
36         TO 3 REPEAT
37            REQUEST semaFork2, semaFork1;
38            CALL eat(2);
39            RELEASE semaFork2, semaFork1;
40            CALL think(2);
41         END;
42      END;
43
44      taskPhilo3: TASK PRIO 5;
45         TO 3 REPEAT
46            REQUEST semaFork3, semaFork2;
47            CALL eat(3);
48            RELEASE semaFork3, semaFork2;
49            CALL think(3);
50         END;
51      END;
52
53      taskPhilo4: TASK PRIO 5;
54         TO 3 REPEAT
55            REQUEST semaFork4, semaFork3;
56            CALL eat(4);
57            RELEASE semaFork4, semaFork3;
58            CALL think(4);
59         END;
60      END;
```

```
61
62    taskPhilo5: TASK PRIO 5;
63        TO 3 REPEAT
64            REQUEST semaFork5, semaFork4;
65            CALL eat(5);
66            RELEASE semaFork5, semaFork4;
67            CALL think(5);
68        END;
69    END;
70
71    main: TASK PRIO 1 MAIN;
72        ! Oeffne das Geraet termout genau einmal:
73        OPEN termout;
74        ACTIVATE taskPhilo1;
75        ACTIVATE taskPhilo2;
76        ACTIVATE taskPhilo3;
77        ACTIVATE taskPhilo4;
78        ACTIVATE taskPhilo5;
79    END;
80
81    MODEND;
```

2.7 Wiederholungsanweisung

Bei der Programmierung kommt es häufig vor, dass eine Anweisungsfolge wiederholt ausgeführt werden muss. Ändert sich dabei nur ein Parameter, kann dies mittels der Wiederholungsanweisung umgesetzt werden.

Sollen beispielsweise alle angeschlossenen Sensoren zurückgesetzt werden, kann dies mit folgender Schleife geschehen:

```
FOR i FROM 1 BY 1 TO Anzahl_Sensoren REPEAT
    Reset(sensor(i));
END;
```

PEARL bietet dafür die universelle REPEAT-Anweisung, welche mit optionalen Steuerparametern an die jeweiligen Erfordernisse angepasst werden kann. Die REPEAT-Anweisung ist wie folgt aufgebaut:

```
FOR laufindex FROM startwert TO endwert BY schrittweite
WHILE bedingung
REPEAT
    ! Schleifenrumpf
END;
```

Die fünf Steueranweisungen sind alle optional. Es gelten folgende Regeln:

- FOR laufindex legt eine Schleifenkontrollvariable explizit an. Ohne diese Anweisung ist kein Schleifenindex verfügbar. Dieser Schleifenindex wird implizit neu angelegt und überdeckt ggf. schon vorher bekannte Variablen. Wichtig: Der Schleifenindex ist für das Anwendungsprogramm **nicht** beschreibbar.
- FROM startwert legt den Startwert des Schleifenindex fest. Standardmäßig beginnt der Schleifenindex bei 1.

- TO endwert legt den Endwert des Schleifenindex fest. Ohne TO gibt es keine Obergrenze für den Schleifenindex. Die Schleife muss dann bei Bedarf entweder per WHILE oder EXIT beendet werden.
- BY schrittweite legt das Inkrement des Schleifenindex fest. Der Standardwert lautet 1. BY ist insbesondere wichtig, wenn der Schleifenindex rückwärts laufen soll oder eine größere Schrittweite benötigt wird.
- Die WHILE-Anweisung definiert, welche Bedingung vor jedem Schleifendurchlauf erfüllt sein muss.

Damit lassen sich z. B. folgende Konstrukte erstellen.

N-fache Wiederholung:

```
TO 10 REPEAT
   ! kein Schleifenindex verfuegbar
END;
```

Die Schleife wird 10 mal ausgeführt. Der Schleifenindex wird als FIXED Variable implizit angelegt und kann die Werte von 1 bis 10 aufnehmen.

Unbegrenzte Zählschleife mit einem Abbruchkriterium:

```
FOR i WHILE a<b REPEAT
   ! ...
END;
```

Der Schleifenindex i ist im Schleifenrumpf verfügbar. Er beginnt beim Wert 1 und wird jeweils um 1 erhöht. Da kein Endwert definiert ist, kann es vorkommen, dass ein Überlauf auftritt. Die Größe des Schleifenindex wird durch die LENGTH-Anweisung gesteuert. Bei OpenPEARL ist dies standardmäßig FIXED(31).

Abweisende Schleife: Die aus C, C++ oder JAVA bekannte while-Schleife sieht nahezu identisch aus.

```
WHILE a<b REPEAT
   ! ...
END;
```

Nicht abweisende Schleife: Die aus C, C++ oder JAVA bekannte do ... while-Schleife ist in PEARL nicht vorgesehen. Diese lässt sich mit der EXIT-Anweisung konstruieren.

```
REPEAT
   ...
   IF a<b THEN EXIT; FIN;
END;
```

2.8   Bedingte Anweisungen und mehrfache Verzweigungen

Die einfache Alternative ist bis auf ein paar wenige syntaktische Feinheiten identisch zu anderen Programmiersprachen wie z. B. JAVA.

– Anstelle der Blocknotation mit den geschweiften Klammern ist nach THEN bzw. ELSE nur eine Anweisung zulässig. Die Anweisung FIN beendet die IF-Anweisung. Falls mehrere Anweisungen benötigt werden, so muss ein expliziter Block mit BEGIN und END erstellt werden.
– Jede IF-Klausel muss mit einer FIN-Anweisung abgeschlossen werden.

Beispiel: In folgendem Programmausschnitt wird zunächst überprüft, ob der aktuelle Wert größer als ein gegebenes Maximum ist (Zeile 1). Ist dies der Fall, dann wird der aktuelle Wert auf das Maximum (Zeile 2) begrenzt. Andernfalls wird geprüft, ob der aktuelle Wert kleiner als ein gegebenes Minimum (Zeile 4) ist und, falls ja, wird der aktuelle Wert auf das Minimum (Zeile 5) begrenzt.

```
1   IF aktuellerWert > maximum THEN
2        maximum := aktuellerWert;
3   ELSE
4        IF aktuellerWert < minimum THEN
5            minimum := aktuellerWert;
6        FIN;
7   FIN;
```

Die mehrfache Alternative wird in PEARL mit der CASE Anweisung eingeleitet und die einzelnen Alternativen mit ALT spezifiziert. Um den leider häufigen Programmierfehler einer vergessenen break-Anweisung in Programmiersprachen wie C, C++ oder JAVA zu verhindern, schließt jede Alternative eine ggf. vorherige implizit. Trifft keine der Alternativen zu, dann kann ein Standardfall mittels OUT festgelegt werden. Als Alternativen sind ähnlich wie in anderen Programmiersprachen nur ganzzahlige Werte erlaubt. PEARL unterscheidet folgende zwei Varianten:

Variante 1: Bei der einfachen Variante werden die per ALT markierten Alternativen automatisch bei 1 beginnend durchnummeriert. Dies führt aber bei vielen Alternativen leicht zu unübersichtlich langen Strukturen.

```
1   CASE aktuellerModus
2        ALT                            ! Modus 1
3            CALL behandleModus1;
4        ALT                            ! Modus 2
5            CALL behandleModus2;
6   FIN;
```

Variante 2: Diese Variante ähnelt sehr der Umsetzung in C, C++ oder JAVA. Als Auswahlkriterium sind Ausdrücke vom Typ FIXED oder CHAR zulässig. Zusätzlich werden in dieser Variante verschiedene Selektoren gemeinsam behandelt.

```
1 DCL aktuellesZeichen CHAR;
2 ...
3 CASE aktuellesZeichen
4     ALT ('+', '-', '*',',', '/')    ! Liste von Alternativen
5         PUT 'Operator' TO stdout BY  A,SKIP;
6     ALT ('0':'9')                    ! Bereich von Alternativen
7         PUT 'Ziffer' TO stdout BY  A,SKIP;
8     ALT (''\ 00 \'' : ''\ 1F \'') ! Bereich von Alternativen
9         PUT 'Steuerzeichen' TO stdout BY  A,SKIP;
```

```
10    OUT
11       PUT 'was ist da angekommen?' TO stdout BY  A,SKIP;
12 FIN;
13 ...
```

2.9   Ansteuerung eines Schrittmotors

Ein Schrittmotor wird mit einer Folge von Bitmustern angesteuert. Die Reihenfolge bestimmt die Drehrichtung, die Ausgabefrequenz bestimmt die Drehgeschwindigkeit.

Für diese Anwendung (Listing 8) werden zwei Tasks eingesetzt:

Task drive initialisiert das System und sendet dann in einer Endlosschleife die Bitmuster mit einer gewünschten Frequenz zum Schrittmotor.

Task monitorSwitchInput liest zyklisch die beiden Eingangssignale und aktualisiert die gemeinsam genutze Variable speed.

Die Eingabe der Geschwindigkeit wird über die Taster *schneller* und *langsamer* gelöst. Da für den Raspberry Pi noch keine Unterstützung für die Erzeugung von PEARL INTERRUPTs vorhanden ist, werden die Tasten von der Task monitorSwitchInput alle 500 ms überprüft und die Sollgeschwindigkeit entsprechend angepasst, so dass die Sollgeschwindigkeit einen ganzzahligen Wert zwischen -10 und 10 hat. Falls eine Eingabe aktiviert war, wird über eine Semaphore geschützt die modulweit bekannte Variable speed aktualisiert.

Die Variable speed wird von mehreren Tasks benutzt. Der Zugriff muss daher synchronisiert werden. Dies stellt die Semaphore accessSpeed in Zeile 22 sicher.

Die Funktionsprozedur liefert je nach aktueller Position und Drehrichtung das nächste Bitmuster. Dazu wird die nur in dieser Funktion benötigte Variable step auf Modulebene definiert, damit der Wert für nachfolgende Funktionsaufrufe erhalten bleibt.

Listing 8. Schrittmotoransteuerung

```
  MODULE(m_stepper);
2 SYSTEM;
     stepper: RPiDigitalOut(7,4); ! use GPIO 7,6,5,4
4    sw1: RPiDigitalIn(3,1,'u');  ! use GPIO 3 with pull-up
     sw2: RPiDigitalIn(2,1,'u');  ! use GPIO 2 with pull-up
6    stdOut: StdOut;

8 PROBLEM;
  SPC stdOut DATION OUT SYSTEM ALPHIC;
10 DCL so DATION OUT ALPHIC DIM(*,80) FORWARD CREATED (stdOut);

12 SPC stepper DATION OUT SYSTEM BASIC BIT(4);
  DCL stepperMotor DATION OUT BASIC BIT(4) CREATED(stepper);
14
  SPC sw1 DATION IN SYSTEM BASIC BIT(1);
16 SPC sw2 DATION IN SYSTEM BASIC BIT(1);
  DCL switchFast DATION IN BASIC BIT(1) CREATED (sw1);
18 DCL switchSlow DATION IN BASIC BIT(1) CREATED (sw2);

20 DCL (directionLeft,directionRight) INV FIXED INIT(0,1);
```

```
   DCL speed FIXED INIT(0);   ! range -10..10
22 DCL speedAccess SEMA PRESET(1);

24 DCL step FIXED INIT(1);

26 nextStep: PROC(dir INV FIXED) RETURNS(BIT(4));
      DCL steps(4) BIT(4) INIT('0101'B1, '1001'B1,
28                              '1010'B1, '0110'B1);
      DCL result BIT(4);
30
      ! deliver the next stepper motor bit pattern
32    ! depending on current position and drive direction
      IF dir == directionLeft THEN
34       step := step - 1;
         IF step < 1 THEN step := 4; FIN;
36    ELSE
         step := step + 1;
38       IF step > 4 THEN step := 1; FIN;
      FIN;
40 !    RETURN (steps(step));   /* compiler error */
      result := steps(step);   /* work arround */
42    RETURN (result);
   END;
44
   drive: TASK MAIN;
46    DCL help BIT(4);
      DCL direction FIXED INIT(directionLeft);
48    DCL mySpeed FIXED;
      DCL stepDelays(0:10) DURATION
50              INIT (0.5    SEC,
                      0.5    SEC, 0.2   SEC , 0.1 SEC ,
52              0.05  SEC, 0.02  SEC , 0.01 SEC ,
                0.008 SEC, 0.004 SEC, 0.002 SEC);
54    OPEN so;
      OPEN stepperMotor;
56
      ACTIVATE  monitorSwitchInput;
58    REPEAT
         REQUEST speedAccess;
60          mySpeed := speed;
         RELEASE speedAccess;
62       IF mySpeed < 0 THEN
             direction := directionLeft;
64       ELSE
             direction := directionRight;
66       FIN;

68       IF mySpeed /= 0 THEN   ! driving ?
             !SEND nextStep TO stepperMotor;
70           /* compiler error --> workarround required */
             help := nextStep(direction);
72           SEND help TO stepperMotor;
         FIN;
74       AFTER stepDelays(ABS mySpeed) RESUME;
      END;
76 END;

78 monitorSwitchInput: TASK;
      DCL (faster,slower) BIT(1);
80    DCL mySpeed FIXED INIT(0);
```

```
     DCL speedChange BIT(1) INIT ('0'B1);
82
     OPEN switchFast;
84   OPEN switchSlow;
     REPEAT
86      TAKE faster FROM switchFast;
        TAKE slower FROM switchSlow;
88      speedChange := '0'B1;
        IF faster == '0'B1 THEN
90         ! low active input
           mySpeed := mySpeed + 1;
92         IF mySpeed > 10 THEN
              mySpeed := 10;
94         FIN;
           speedChange := '1'B1;
96      FIN;
        IF slower == '0'B1 THEN
98         ! low active input
           mySpeed := mySpeed - 1;
100        IF mySpeed < -10 THEN
              mySpeed := -10;
102        FIN;
           speedChange := '1'B1;
104     FIN;

106     IF speedChange THEN
           REQUEST speedAccess;
108           speed := mySpeed;
           RELEASE speedAccess;
110     FIN;

112     AFTER 0.5 SEC RESUME;
     END;
114 END;
     MODEND;
```

Die notwendigen Verbindungen sind in Abbildung 2 dargestellt.

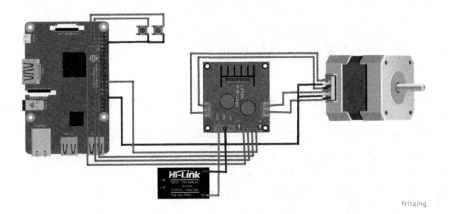

Abb. 2. Verbindungsskizze Schrittmotoranschluss

Hinweise:

1. Der OpenPEARL Compiler hatte zum Zeitpunkt der Erstellung dieses Artikels Probleme mit Feldelementen in der SEND und RETURN Anweisung. Daher werden in dem Beispiel temporäre Variablen verwendet.
2. Die maximale Geschwindigkeit des Schrittmotors ist modellabhängig. Ggf. müssen die Zeitkonstanten in den Zeilen 50–53 angepasst werden.
3. Die GPIO-Ausgänge am Raspberry Pi können natürlich keinen Motor antreiben. Dafür kann z. B. ein Konvertermodul vom Typ L298N mit einer externen 12V Stromversorgung eingesetzt werden.
4. Wenn der Motor unregelmäßig läuft, sollte geprüft werden, ob die Konfiguration den Zugriff auf Realtime Prioritäten für normale User zulässt (Kommando: limits -a und ggf. limits -r 99).
5. Falls der Motor dann immer noch nicht gleichmäßig läuft, kann es daran liegen, dass die Protokolleinstellungen zu viele Ausgaben auf die langsame SD-Karte erzeugen. Dazu sollte geprüft werden, ob die Datei pearl_log.txt viele Einträge enthält. Die Konfiguration der Loglevels ist im Plattform Handbuch beschrieben.

3   PEARL-spezifische Datentypen

PEARL enthält eine integrierte Unterstützung für die einfache Behandlung von Zeit (CLOCK) und Zeitspanne (DURATION).

3.1   Zeitspanne (DURATION)

Eine DURATION beschreibt eine Zeitspanne und besteht aus den Angaben für die Stunden, Minuten und Sekunden. Stunden und Minuten werden dabei mittels einer ganzen Zahl, gefolgt von HRS bzw. MIN, definiert. Sekunden werden mit einer Fließkommazahl, gefolgt von SEC, spezifiziert.

Hinweis: Ganze Zahlen und Fließkommazahlen dürfen bei der Verwendung in Zeitkonstanten keine Angabe der Präzension aufweisen.

Beispiel:

- 5 Minuten und 30 Sekunden wird mittels 5 MIN 30 SEC repräsentiert
- 50 Millisekunden werden als .05 SEC spezifische
- 5 Stunden und 10 Sekunden können als 5 HRS 10 SEC ausgedrückt werden

Variablen und Konstanten, welche eine Zeitspanne repräsentieren sollen, werden mit dem Datentyp DURATION deklariert.

```
! Defines a variable, which stores the revolution of
! e.g. a crank shaft
DCL revolution DURATION INIT(0 SEC);

! Defines a constant duration of 30 minutes
DCL HALFANHOUR INV DURATION INIT (30 MIN);
```

3.2   Zeit (`CLOCK`)

Eine Zeitkonstante setzt sich aus einer positiven ganzen Zahl für die Angabe von Stunden und Minuten (0 bis 59) und einer Fließkommazahl für die Sekunden zusammen. Die einzelnen Angaben werden durch einen Doppelpunkt : von einander getrennt. Eine Stundenangabe größer als 23 wird als Modulo 24 interpretiert.

Beispiel:

- 11:30:00 bedeutet 11.30
- 15:45:3.5 bedeutet 15.45 und 3.5 Sekunden
- 25:00:00 wird als 1.00 interpretiert

Variablen, welche eine Zeitangabe speichern, werden mit dem Datentypen `CLOCK` deklariert.

```
DCL time CLOCK INIT(9:30:00);
```

3.3   Bitketten (`BIT`)

Eine Kette von Bits ist hilfreich bei der Kommunikation mit Hardwareschnittstellen wie z. B. Peripheriegeräten. Eine konstante Bitkette kann in den folgenden Formen spezifiziert werden:

- binär (B1)
- in der Form von Tetraden (B2)
- in der Form von Oktaden (B3)
- hexadezimal (B4).

Diese vier gleichwertigen Formen starten mit einem Apostroph, einer Sequenz der

- Ziffern 0 und 1 im Falle von B1
- Ziffern 0 bis 3 im Falle von B2
- Ziffern 0 bis 7 im Falle von B3
- Ziffern 0 bis 9 und den Zeichen A bis F im Falle von B4

gefolgt von einem schließenden Apostroph und dem entsprechenden Attribut B1, B2, B3 oder B4.

Beispiel: Die nachfolgenden Ausdrücke repräsentieren alle den dezimalen Wert 3239:

```
'110010100111'B1
'302213'B2
'6247'B3
'CA7'B4
```

Eine Variable zum Speichern eines aktuell gültigen Systemzustands kann z. B. wie folgt deklariert werden:

```
DCL SYSTEMSTATE BIT (8) INIT('00101010'B1);
```

4   Ein- und Ausgabe

4.1   Gesamtkonzept

Die Ein- und Ausgabe besteht aus drei unterschiedlichen Arten:

1. für Menschen lesbare formatierte Ein-/Ausgabe
2. für Rechner lesbare Ein-/Ausgabe mit interner Datendarstellung
3. Kommunikation mit Prozessperipherie

All diese Schnittstellen haben unterschiedliche Eigenschaften, die über die Abstraktion einer sogenannten Dationstation (DATION) vereinheitlicht werden. Die konkrete Realisierung einer Peripherieschnittstelle ist hochgradig plattformabhängig. PEARL trennt diesen plattformabhängigen Teil von der eigentlichen Anwendung über die Aufteilung in einen SYSTEM-Teil und einen PROBLEM-Teil.

4.2   Definitionen im Systemteil

Für eine Portierung einer PEARL-Anwendung müssen bei dem Zielsystem natürlich die notwendigen Peripherieschnittstellen verfügbar sein. Die Benennung und Parametrisierung ist allerdings meist nicht identisch. Es genügt dann bei PEARL, lediglich den Systemteil an das Zielsystem anzupassen.

Listing 9. Definition im Systemteil

```
SYSTEM;  ! Raspberry Pi mit Linux
   so: StdOut;
   si: StdIn;
   dataFiles: Disc('/home/userx/pearlDataFiles' ,10);
   led1: RPiDigitalOut(5,1);   ! GPIO 5
   sw1: RPiDigitalIn(4,1,'u'); ! GPIO 4 mit internem pull-up
```

Die zur Verfügung stehenden Systemgeräte sind dem Plattformhandbuch zu entnehmen.

4.3   Definition im Problemteil

Eine PEARL-Anwendung besteht meist aus mehreren Modulen mit jeweils einem Problemteil. Dort müssen die Systemschnittstellen importiert und parametrisiert werden.

Listing 10. Import im Problemteil

```
PROBLEM;
   SPC so        DATION OUT    SYSTEM ALPHIC;
   SPC si        DATION IN     SYSTEM ALPHIC;
   SPC dataFiles DATION INOUT  SYSTEM ALL ;
   SPC led1      DATION OUT    SYSTEM BASIC BIT(1);
   SPC sw1       DATION IN     SYSTEM BASIC BIT(1);
```

Um mit den Schnittstellen tatsächlich vernünftig arbeiten zu können, wird eine weitere Ebene – die sogenannten Userdation – mit weiteren Eigenschaften ergänzt, wie z. B. möglichen Positionierungen.

Listing 11. Definition der Userdations im Problemteil

```
DCL stdOut DATION OUT ALPHIC DIM(*,80) FORWARD
    CREATED (so);
DCL stdIn   DATION IN ALPHIC DIM(*,80) FORWARD
    CREATED(si);
DCL textFile DATION INOUT ALL  DIM(10,11,12) DIRECT
    CREATED(dataFiles);
DCL binaryData DATION INOUT FIXED(15) DIM(10,10) DIRECT
    CREATED (dataFiles);
DCL led DATION OUT BASIC BIT(1) CREATED(led1);
DCL taster DATION OUT BASIC BIT(1) CREATED(sw1);
```

Die Attribute `FORWARD`, `DIRECT` und `DIM` betreffen die Möglichkeiten der Positionierung. `ALPHIC` stellt sicher, dass nur formatierte Ein- und Ausgaben erfolgen.

Für Prozessperipherie hat OpenPEARL diese Ebene aus Symmetriegründen implementiert. Ältere PEARL-Implementierungen haben dies weggelassen, da die Sprachdefinition hier ungenau war.

Die Ein- und Ausgabeoperationen sind natürlich *thread safe* — eine Sicherung für gegenseitigen Ausschluss ist auf Anwendungsebene nicht notwendig.

4.4 Operationen OPEN und CLOSE

Erst nach Öffnung einer Userdation sind Transferoperationen möglich.

```
OPEN stdIn;
OPEN textFile BY OLD , IDF('file1.txt');
    !          ^^^ Datei file1.txt muss vorhanden sein
OPEN led;
```

Am Ende einer Applikation sollten die Datenstationen wieder geschlossen werden. Dateien auf einem Massenspeicher werden ggf. anwendungsspezifisch auch zwischenzeitlich geschlossen und erneut geöffnet.

```
CLOSE stdIn;
CLOSE textFile BY CAN;
    !          ^^^ loesche Datei
CLOSE led;
```

Weitere Attribute werden bei den Beispielen erläutert und können im Sprachreport [3] nachgelesen werden.

4.5 Formatierte Ein- und Ausgabe mit PUT und GET

Für die formatierte Ein- und Ausgabe stehen die Anweisungen `PUT` und `GET` bereit. Beide haben eine Liste von Datenelementen und eine Formatliste.

Beispiel:

```
PUT 'hello','world' TO stdOut BY A, X, A, SKIP;
PUT 'hello world'   TO stdOut BY A, SKIP;  ! does the same
```

Wer schon einmal mit FORTRAN gearbeitet hat, kennt die Formate `A` und `X`. `A` steht für (ASCII-)Text und `X` für ein Leerzeichen. `SKIP` erzeugt einen Zeilenwechsel.

Einige Formatangaben:

Datentyp	Format	Erläuterung
CHAR(x)	A	wie A(x)
CHAR(x)	A(y)	Längere Text werden gekürzt, kürzere mit Leerzeichen rechts ergänzt
FIXED	F(w)	dezimale Formatierung mit w Zeichen (inkl. Vorzeichen)
FLOAT	F(w)	dezimale Formatierung mit w Zeichen (inkl. Vorzeichen, ohne Dezimalstellen und Dezimalpunkt)
FLOAT	F(w,d)	Formatierung mit w Zeichen (inkl. Vorzeichen, mit d Dezimalstellen und Dezimalpunkt)
FLOAT	E(w,d)	Gleitpunktdarstellung mit w Zeichen (z. B. 1.6E-19)
BIT(x)	B1	Bitkette mit x Stellen
BIT(x)	B4(y)	y hexadezimale Zeichen für die Bitkette mit x Bits
CLOCK	T(w)	eine Uhrzeit mit w Zeichen (9:23:55)
DURATION	D(w)	eine Zeitdauer mit w Zeichen (3 HRS 12 MIN 22 SEC)

Listing 12. Eingabemenü ohne Fehlerbehandlung

```
PUT '1) action 1',
    '2) action 2',
    '3) action 3',
    'enter desired action number'
    TO stdOut
    BY (3)(A,SKIP);
    ! ^^^ wiederhole Formatliste 3x
GET action FROM stdIn BY F(3), SKIP;
```

Falls bei obigem Programm keine Zahl, sondern z. B. ein 'X' eingegeben wurde, dann wird die GET-Anweisung mit einer Fehlermeldung abgebrochen. Dies kann mit dem Pseudoformat RST verhindert werden.

Listing 13. Eingabemenü mit Fehlerbehandlung per RST-Format

```
DCL ok FIXED;
...
REPEAT
  GET action FROM stdIn BY RST(ok), F(3), SKIP;
  IF ok == 0 THEN ! test error condition
    EXIT;
  ELSE  ! leave the loop
    PUT 'wrong input' TO stdOut By A, SKIP;
  FIN;
END;
```

4.6 Ein- und Ausgabe in interner Darstellung mit READ und WRITE

Für die Ein- und Ausgabe im internen Datenformat stehen die Anweisungen READ und WRITE bereit. Beide haben eine Liste von Datenelementen und ggf. Positionsangaben.

Die Daten werden in der angegebenen Reihenfolge in der internen Darstellung transferiert. Ggf. vorhandene Positionsangaben werden vor dem Transfer ausgeführt.

Listing 14. Beispiel: Lesen von Texten von einer Datei für eine mehrsprachige Benutzeroberfläche

```
! eine Datei mit lauter CHAR(40) Eintraegen in Form
! einer 1-dimenionalen Anordnung
! es ist moeglich direkt auf jeden Text zu positionieren
DCL datei DATION IN CHAR(40)  DIM(*) DIRECT
          CREATED(dataFiles);

leseText: PROC(textNummer FIXED) RETURNS(CHAR(40));
   DCL text CHAR(40);

   OPEN datei BY OLD, IDF('deutsch.txt');
   READ text FROM datei BY POS(textNummer);
   CLOSE datei;

   RETURN (text);
END;
```

4.7 Ein- und Ausgabe bei Prozessperipherie mit TAKE und SEND

Für die Ein- und Ausgabe auf Prozeßperipherie stehen die Anweisungen TAKE und SEND bereit. Beide haben ein Datenelement und ggf. ein RST-Pseudoformat.

Listing 15. Ansteuern einer Led und Abfrage eines Tasters

```
SPC led1 DATION OUT SYSTEM BASIC BIT(1);
DCL led  DATION OUT         BASIC BIT(1) CREATED(led1);

SPC sw1    DATION IN SYSTEM BASIC BIT(1);
DCL taster DATION IN        BASIC BIT(1) CREATED(sw1);

DCL istAn BIT(1);
...
SEND '1'B1 TO led;
...
TAKE istAn FROM taster;
...
```

Der Transfer erfolgt ohne jegliche Pufferung. Beachten Sie, dass die konkrete Zuordnung von led1 und sw1 nur im Systemteil erfolgt.

5 Warum sollte ich PEARL nutzen?

Diese Frage ist uralt. Warum sollte ich die Programmiersprache X nutzen, wenn ich doch die Sprache Y schon kenne?

Einige Gründe kommen aus dem Ursprung von PEARL. Anfang der 1970er Jahre wurden Computer erschwinglich genug, um in der Produktionssteuerung eingesetzt zu werden. Der Ansatz der Programmierung war zunächst naheliegend – die gebräuchlichen Programmiersprachen wie z. B. FORTRAN wurden erweitert um

- multi-threading Unterstützung
- Zugriff auf Prozessperipherie

Die vorhandenen Datentypen und Berechnungsmöglichkeiten erschienen zunächst ausreichend für Automatisierungsanwendungen.

Schauen wir uns die beiden Punkte etwas genauer an.

5.1 Multithreading

Das grundlegende Programmierparadigma zur Entstehungszeit von PEARL war die sequentielle Ausführung von Anweisungen. Dies ist den Sprachen wie FORTRAN und ALGOL68 deutlich anzusehen. Es gab keine Unterstützung von Multithreading auf Sprachebene. Auf Betriebssystemebene war dies allerdings schon verfügbar. Automatisierungstechnische Anwendungen benötigten viele parallele Abläufe, um schnell auf externe Ereignisse aus der Produktionsstrecke reagieren zu können. Die Rechenleistung der damaligen Computer war noch zu gering, um dies im Polling-Mode zu erledigen. So wurden viele Betriebssystemaufrufe in die Anwendungsprogramme eingebaut, was zu unübersichtlichen Programmen führte. Die Programmierer kamen auf trickreiche Lösungen, um parallele Abläufe in den Anwendungen nutzen zu können.

PEARL wurde in diesem Punkt so konstruiert, dass Tasks – so der Name eines möglichen Threads – einfach zu definieren und auch zu steuern sind. Die Tasksteuerung und Synchronisation wird in einem späteren Abschnitt noch behandelt. Die Adaption an das unterlagerte Betriebssystem wurde als Aufgabe des Übersetzungssystem definiert.

```
task1: TASK PRIO 10 MAIN;
    /* NOTEs:
        PRIO denotes the tasks priority
        MAIN starts this task automatically at
            application start
    */

    /* local declarations
        executable statements
    */
    END;
```

5.2   Zugriff auf Prozessperipherie

Übliche Programmiersprachen haben ein einfaches Rechnermodell im Hintergrund. Es gibt Ein- und Ausgaben, Speicher und Berechnungen. Die Abarbeitung erfolgt sequentiell. Die Ein- und Ausgaben bedienen die üblichen Peripheriegeräte wie Tastatur, Bildschirm, Drucker und Festplatten. Auch dort wird sequentiell gearbeitet. Die Geschwindigkeit spielt dabei kaum eine Rolle, außer dass es hinreichend schnell gehen soll.

Die Nutzung von Prozessperipherie bringt weitere Anforderungen mit sich:

– Eingabezustände ändern sich außerhalb der Sichtkreises der Anwendung
– bei Zustandsänderungen müssen Aktionen in deterministischer Zeit ausgeführt werden
– Regelungstechnische Anwendungen müssen die Messgrößen in einem festen Zeittakt erfassen und daraus Stellgrößen berechnen
– Peripheriegeräte wie z. B. Schrittmotoren benötigen einen festen Ausgabetakt
– uvm.

Die Bearbeitung der Standardperipherie ist bei allen Programmiersprachen dahin optimiert, dass über Puffermechanismen ein möglichst großer Durchsatz erzielt werden kann. Bei Schnittstellen zu einem Produktionsprozess ist dies unzulässig. Bei der Anwendung in der Prozessautomatisierung ist die Anzahl der Prozessschnittstellen deutlich größer als die Anzahl der Standardschnittstellen. Dies erfordert eine Unterstützung bei der Programmerstellung, um die Systemressourcen gut zu nutzen.

Aus Sicht eines Prozessors unterscheiden sich Prozessperipherie kaum von der sogenannten Standardperipherie. Eine elektronische Komponente im Rechner löst bei Zustandsänderung einen Interrupt bei der CPU aus. Die CPU unterbricht kurz die sequentielle Abarbeitung der Anwendung und führt eine zugehörige Routine aus. Fehler in diesen Interruptserviceroutinen führen meist zum kompletten Systemabsturz. Daher sperren die Betriebssysteme üblicherweise den Zugriff auf Interrupt-Service-Routinen (Abk. ISR) für die Anwendungsprogrammierung.

PEARL stellt für den Zugriff auf die Prozessperipherie Treiberroutinen bereit.

Für die Ansteuerung eines Schrittmotors benötigt man Bitmuster, die in einer bestimmten Reihenfolge mit definiertem Zeitabstand auszugeben sind. Dies kann in PEARL wie folgt gelöst werden:

```
...
SYSTEM;
    stepper: RPiDigitalOut(5,4); /* GPIO-Bits 5,4,3,2 als
             Ausgang */
PROBLEM;
  SPC stepper DATION OUT SYSTEM BASIC BIT(4);
  DCL stepMotor DATION OUT BASIC BIT(4) CREATED(stepper);
  DCL keepOnDriving BIT(1) INIT('1'B1);
  DCL stepPeriod DURATION INIT(0.05 SEC);
  DCL patternIndex FIXED INIT(1);
```

```
    ...
drive: TASK;
   DCL bitPattern(4) BIT(4) INIT ('1010'B1, '1001'B4, '0101'
      B4, 0110'B4);
   /* NOTE: array indices start usually at 1 */

   OPEN stepMotor;
   WHILE keepOnDriving REPEAT
      SEND bitPattern(patternIndex) TO stepMotor;
      patternIndex := patternIndex + 1;
      IF patternIndex > 4 THEN
         patternIndex := 1;
      FIN;
      AFTER stepPeriod RESUME;
   END;
   CLOSE stepMotor;
END;
```

In PEARL wird die zielsystemabhängige Zuordnung der konkreten Anschlüsse auf einen symbolischen Namen im Systemteil gemacht. Im obigen Beispiel werden die GPIO-Bits 7,6,5,4 eines Raspberry Pi Systems als Ausgang definiert.

Die SEND-Anweisung setzt und löscht die jeweils gewünschten Bits, ohne benachbarte GPIO-Signale zu ändern.

5.3   Entwicklung von PEARL

Beide oben beschriebenen Punkte waren in den vorhandenen Programmiersprachen immer eine Quelle von schwer zu findenden Fehlern. Dies rührte unter anderem auch daher, dass Anwendungsprogrammierer nicht unbedingt Spezialisten in der Systemprogrammierung waren. Dieses Problem hat sich inzwischen sogar weiter vergrößert, da sowohl die Rechnerhardware wie auch die Betriebssysteme heutzutage wesentlich komplexer geworden sind.

Das war der Startpunkt für die Entwicklung von PEARL. Eine kleine Gruppe von Personen aus den Bereichen Universität, Industrie und Softwareentwicklung haben zusammen eine Sprachdefinition erarbeitet, die die üblichen Programmkonzepte unterstützt und zusätzlich Multithreading und Zugriffe auf die Prozessperipherie beinhaltet [1]. Für die Anwendungserstellung sollten keine Betriebssystemaufrufe mehr direkt programmiert werden müssen. Die Anwendungsprogramme sollten auch sehr zuverlässig sein. Daher sollte der Compiler möglichst viele semantische Analysen des Quellcodes durchführen können. Die Folge war z. B. eine starke Datentypbindung.

Problem zur Laufzeit können natürlich immer noch auftreten. So ist es sicherlich ein Fehler, eine Aktivität (*TASK*) mehrfach zu starten. Für den Fall wurde definiert, dass ein sogenanntes *SIGNAL* erzeugt wird. Dieser Mechanismus entspricht dem Exceptionkonzept der heutigen Programmiersprachen. Dies wurde Anfang der 1960er Jahre bei PL/1 eingeführt und später in den 1980er und 1990er Jahren weiter verfolgt. PEARL kennt dies seit Anfang an.

5.4   Weitere Gründe um **PEARL** kennenzulernen

Sichere Programmiersprache: Alle Laufzeitprobleme werden mit abfangbaren Fehlermeldungen behandelt. Falls ein Laufzeitproblem nicht behandelt wird, wird die ausführende Task automatisch beendet. Dies erscheint zunächst etwas radikal – führt aber dazu, dass Anwendungsprogrammierer sich bei der Programmerstellung schon gute Gedanken machen müssen, was denn in einer unerwarteten Situation zu tun ist.

Spezielle Datentypen für zeitgesteuerte Aktionen: PEARL stellt Datentypen für Uhrzeiten (`CLOCK`) und Zeitspannen (`DURATION`) mit *vernünftigen* Operationen. In C-artigen Sprachen werden derartige Größen üblicherweise auf `int` abgebildet. Programmierfehler wie eine sinnlose Division von zwei Uhrzeiten werden so vom PEARL-Compiler erkannt.

Robustes Speicherkonzept: Dynamische Speicherplatzverwaltung ist für Programmierer zunächst recht angenehm. Allerdings muss man dabei stets vor Augen haben, dass eine Speicheranforderung nicht erfüllbar ist. Damit PEARL-Anwendungen damit keine Probleme haben, wurde darauf geachtet, dass der Speicherbedarf weitgehend vom Übersetzungssystem kontrolliert werden kann. Sogenannte *memory leaks* kann es bei PEARL-Anwendungen nicht geben.

Gute Rechnerauslastung: Heutzutage gibt es mit der Arduino-Plattform ein Werkzeug, mit dem ähnliche Ziele verfolgt werden. Allerdings fehlt dem Programmiermodell von Arduino das Konzept der parallelen Aktivitäten.

Alt ist nicht unbedingt schlecht: Für viele Studierende sind nur die neuesten Entwicklungen von Interesse. Alte Konzepte werden als überholt empfunden. Dies führt dazu, dass bewährtes Know-How verloren geht und das Rad immer wieder neu erfunden wird. Das Studium von bewährten Konzepten hilft dabei, die aktuellen Methoden besser bewerten zu könen.

Internet der Dinge: Die Welle von IoT bringt viele nützliche Dienste, aber auch Probleme mit sich. Ein IoT-Gerät muss naturgemäß mehrere Aufgaben parallel bearbeiten: Diensterbringung und Kommunikation. Dies läßt sich mit PEARL ganz einfach realisieren, ohne spezielle Kenntnisse vom Anschluss von Sensoren oder betriebssystemnaher Programmierung zu erfordern.

6   Vergleich OpenPEARL mit PEARL90

OpenPEARL basiert weitgehend auf dem PEARL90 Sprachreport, welcher während der Entwicklung an einigen Stellen präzisiert wurde. Dabei wurden unter anderem folgende Änderungen [6–8] vorgenommen:

- Fehlerhafte Systemzustände wie z. B. der Überlauf einer FIXED Variablen werden konsequent mittels Signalen im Laufzeitsystem propagiert.
- Die Neudefinition von Operatoren mittels `OPERATOR` wurde entfernt.
- Der generische Datentyp `VOID` und die programmatische Typumwandlung unter Zuhilfenahme von `BY TYPE` werden nicht unterstützt.

- Verschachtelte Prozeduren sind nicht mehr zugelassen.
- Konditionale Ausdrücke in Zuweisungen sind weggefallen.
- Werte vom Datentyp `BIT(n)` können in Werte von Typ `FIXED(n-1)` hin und her konvertiert werden.

OpenPEARL definiert folgende Längen für Standard-Datentypen:

FIXED sind ganze Zahlen mit einer wählbaren Anzahl von Bits. Ein Bit für das Vorzeichen ist implizit vorhanden.
Verfügbare Längen: 0..63
Standardwert: 15

FLOAT stehen für Gleitpunktzahlen mit einer wählbaren Anzahl von Mantissenbits.
Verfügbare Längen: 23 und 52
Standardwert: 23

7   Installation und Zielplattformen

7.1   Installation

Die Wikiseite des Sourceforgeprojekts OpenPEARL beschreibt immer den aktuellen Installationsvorgang. Zunächst muss man eine Kopie des git-Repositories anlegen. Darin ist ein Skript `installPackages` enthalten, welches anhand der Distributionskennung die benötigten Softwarepakete installiert. Paketnamen und Paketmanager unterscheiden sich bei den verschiedenen Distributionen.

Aktuell werden folgende Systeme erkannt:

Distribution	Version(en)
Ubuntu	17.10, 18.4.1 LTS, 19.10
OpenSUSE	Leap 15.1
Linux Mint	18.3, 19.1
Debian	8, 9, 10
Raspbian	8, 9, 10

Falls Ihr System nicht in der Liste enthalten ist, dann sollte die Installation trotzdem kein Problem sein. Sie müssen dann anhand einer unterstützten Distribution die für ihre Distribution entsprechenden Pakete zuordnen und manuell installieren.

Die Hauptschritte sind:

1. lokale Kopie des Repositories erstellen
2. als Administrator
   - `installPackages` starten
   - Falls Sie auf einem Raspberry Pi arbeiten, dann muss dies in der Konfiguration per `make menuconfig` in der Sektion `runtime system` aktiviert werden.
   - `make prepare` ausführen
   - `make install` ausführen

Im Ordner `demos` finden Sie einfache Beispielprogramme, die mit dem Kommando z. B. `prl hello.prl` übersetzt werden können.

7.2 Zielplattformen

Die primäre Zielplattform ist Linux, inklusive Raspberry Pi. Der LPC1786 war die erste Portierung auf einen kleinen Microcontroller. Das System basiert auf einem Cortex-M3 und verfügt über 512kB Flashspeicher, 96kB RAM sowie viele Peripherieschnittstellen. Allerdings ist dieser Entwicklungszweig ein wenig veraltet und derzeit nicht lauffähig. Sobald wieder mehr Arbeitszeit zur Verfügung steht, ist es geplant, diese Portierung zu aktualisieren. Derzeit wird die Portierung auf den ESP32 vorangetrieben. Die Spezialitäten sind im jeweiligen Plattformhandbuch auf Sourceforge enthalten.

Literaturverzeichnis

1. P. Elzer: Anmerkungen zur (Früh-)Geschichte von PEARL. In: GI-Fachgruppe 'EP' (Hrsg.): PEARL-News 2/2005, S.3-8, ISSN 1437-5966
2. J. Brandes, S. Eichentopf, P. Elzer, L. Frevert, V. Haase, H. Mittendorf, G. Müller, P. Rieder; PEARL – The Concept of a Process- and Experiment-oriented Programming Language; *elektronische datenverarbeitung* 10(1969) S.429-442
3. Gesellschaft für Informatik: OpenPEARL – Language Report, *Sourceforge Projekt OpenPEARL*, `https://sourceforge.net/projects/openpearl/files/OpenPEARL/manuals/languageDescription.pdf/download`
4. Müller, R., Schaible, M.: Konsistenzprüfungen in OpenPEARL, *Konferenzband Echtzeit 2016, Springer Berlin Heidelberg*, ISBN 978-3-662-53443-4, Seiten 73–80, 2016
5. Schaible, M., Halang, Wolfgang A.: PEARL für sicherheitsgerichtete Echtzeitprogrammierung, *Konferenzband Echtzeit 2017, Springer Berlin Heidelberg*, ISBN 978-3-662-53443-4, Seiten 81–90, 2017
6. Müller, R., Schaible, M.: Änderungen in der Sprachdefinition in OpenPEARL in Bezug auf PEARL90 - Teil 1, *EchtZeit, Mitteilungen des GI/GMA/ITG-Fachausschusses Echtzeitsysteme*, ISSN 2199-9244, Nr.3, 2015
7. Müller, R., Schaible, M.: Änderungen in der Sprachdefinition in OpenPEARL in Bezug auf PEARL90 - Teil 2, *EchtZeit, Mitteilungen des GI/GMA/ITG-Fachausschusses Echtzeitsysteme*, ISSN 2199-9244, Nr.4, 2016
8. Müller, R., Schaible, M.: Änderungen in der Sprachdefinition in OpenPEARL in Bezug auf PEARL90 - Teil 3, *EchtZeit, Mitteilungen des GI/GMA/ITG-Fachausschusses Echtzeitsysteme*, ISSN 2199-9244, Nr.5, 2017

Printed in the United States
By Bookmasters